Forschungsberichte

herausgegeben von dem
Zentralinstitut für Wirtschaftswissenschaften
der Akademie der Wissenschaften der DDR,
Direktor Prof. Dr. habil. Wolfgang Heinrichs

Nr. 24

Zu Problemen der Entwicklungstendenzen der sozialistischen Produktionsverhältnisse in der D

AUTORENKOLLEKTIV

Zu Problemen der Entwicklungstendenzen der sozialistischen Produktionsverhältnisse in der DDR

AKADEMIE-VERLAG · BERLIN 1977

Autoren:

Prof. Dr. habil. Ottomar Kratsch
(Leiter des Autorenkollektivs)
Dr. sc. Rudolf Bechmann
Dr. Sibylle Fitzner
Prof. Dr. habil. Wolfgang Heinrichs
Dr. Gertraud Kalok

An der Ausarbeitung wirkten mit:

Bernd Gehrke
Jörg Grübler

Die Grafiken und einige Tabellen wurden von der statistisch-analytischen Rechengruppe des Zentralinstituts für Wirtschaftswissenschaften (Leiterin: Annita Kleeberg) ausgearbeitet.

Wissenschaftlicher Redakteur:

Dr. Walburga Wicke

Erschienen im Akademie-Verlag, 108 Berlin, Leipziger Str. 3—4

Lizenznummer: 202 · 100/64/77
Gesamtherstellung: VEB Druckerei „Thomas Müntzer", 582 Bad Langensalza
Bestellnummer: 753 425 3 (2163/24) · LSV 0325
Printed in GDR
DDR 12,— M

Inhaltsverzeichnis

"Die Gesellschaft (ist) ein lebendiger, in ständiger Entwicklung begriffener Organismus ..., dessen Untersuchung die objektive Analyse der Produktionsverhältnisse erfordert, ... die Erforschung der Gesetze, nach denen sie funktioniert und sich entwickelt."

W.I. Lenin
Was sind die "Volksfreunde"
in: Werke, Bd. 1, Berlin 1961, S. 158.

"Nur die Kenntnis der Entwicklungsgesetze der Gesellschaft und die Fähigkeit, gestützt auf diese Kenntnisse, die konkret-historische Situation zu analysieren und die Entwicklungstendenzen der Gesellschaft im allgemeinen und die einzelner Prozesse und Erscheinungen zu ermitteln, können die dauerhafte wissenschaftliche Grundlage für die Vorhersage der Zukunft schaffen."

G. J. Gleserman
Probleme des sozialen Determinismus
in: Die Gesetzmäßigkeit der sozialen Entwicklung, Berlin 1975, S. 23.

Vorwort

Im Programm der Sozialistischen Einheitspartei Deutschlands, das auf dem IX. Parteitag der SED einmütig beschlossen wurde, wird die Gestaltung der entwickelten sozialistischen Gesellschaft in der DDR als "historischer Prozeß tiefgreifender politischer, ökonomischer, sozialer und geistig-kultureller Wandlungen" gekennzeichnet. Dieser Prozeß vollzieht sich auf planmäßiger Grundlage: "Die Gestaltung der entwickelten sozialistischen Gesellschaft macht es notwendig, alle Vorzüge und Triebkräfte, alle Seiten und Bereiche des gesellschaftlichen Lebens, die Produktivkräfte und Produktionsverhältnisse, die sozialen und politischen Beziehungen, die Wissenschaft und das Bildungswesen, die sozialistische Ideologie und Kultur, die Gesamtheit der Arbeits- und Lebensbedingungen sowie die Landesverteidigung planmäßig auf hohem Niveau zu entwickeln. Die entwickelte sozialistische Gesellschaft setzt die ungeteilte Herrschaft der sozialistischen Produktionsverhältnisse voraus."[1]

Die Entwicklung der sozialistischen Produktionsverhältnisse bestimmt nach der Theorie des Marxismus-Leninismus die Entwicklung aller anderen gesellschaftlichen Verhältnisse. Indem Karl Marx die Verhältnisse, die die Menschen in der gesellschaftlichen Produktion und Reproduktion ihrer materiellen Lebensbedingungen untereinander eingehen, aus der Gesamtheit der gesellschaftlichen Beziehungen heraushob und sie als das Primäre, Grundlegende, als die ökonomische Struktur der Gesellschaft bestimmte, legte er nicht nur das Fundament für die materialistische Geschichtsauffassung, die die Entwicklung der Gesellschaft als einen gesetzmäßigen Prozeß betrachtet, sondern er entwickelte damit zugleich die entscheidenden methodologischen Voraussetzungen für die wissenschaftlich begründete Gesellschaftsprognose.

Von den allgemeinen methodologischen Grundlagen der Theorie der Produktionsverhältnisse, die Karl Marx begründete, werden folgende besonders hervorgehoben:

1. Die sich aus der Stellung der unmittelbaren Produzenten zu den Produktionsmitteln ergebenden Beziehungen bilden die bestimmende Grundlage des Systems der Produktionsverhältnisse, von der sich alle anderen Produktionsverhältnisse in jeder Gesellschaft ableiten.
2. Das System der Produktionsverhältnisse besteht aus einer Vielzahl von konkreten Beziehungen und Verhältnissen in allen vier Phasen des gesellschaftlichen Reproduktionsprozesses, deren allgemeiner Zusammenhang objektiv bestimmt ist.
3. Die Produktionsverhältnisse sind Entwicklungsverhältnisse; als Entwicklungsformen der Produktivkräfte verändern sie sich selbst beständig in aktiver Wechselwirkung mit den Produktivkräften nach eigenen Entwicklungsgesetzen und bestimmen den Grad der gesellschaftlichen Höherentwicklung.
4. Nach der Vergesellschaftung der entscheidenden Produktionsmittel und Beseitigung der letzten Ausbeuterklasse entstehen Produktionsverhältnisse von einer grundsätzlich neuen Qualität, die den Funktionsmechanismus der Produktionsverhältnisse grundlegend verändern.

Diese Grundprinzipien bilden das Fundament der marxistisch-leninistischen Gesellschaftsprognose, die es den Klassikern ermöglichte, schon 1848 im "Manifest der Kommunistischen Partei" zuverlässig vorauszusagen, daß "an die Stelle der alten bürgerlichen Gesellschaft mit ihren Klassen und Klassengegensätzen eine Assoziation tritt, worin die freie Entwicklung eines jeden die Bedingung für die freie Entwicklung aller ist"[2]. Von dieser wissenschaftlichen Grundlage aus sind auch im Programm der Sozialistischen Einheitspartei Deutschlands, das auf dem IX. Parteitag beschlossen wurde, die strategischen Ziele und Aufgaben für die weitere Gestaltung der entwickelten sozialistischen Gesellschaft und zur Schaffung der grundlegenden Voraussetzungen für den allmählichen Übergang zum Kommunismus festgelegt worden.

Die systembestimmende Rolle der Produktionsverhältnisse im gesamten Ensemble der gesellschaftlichen Verhältnisse gründet auf ihrem objektiven Charakter, auf die Tatsache, daß die Menschen im Produktionsprozeß in Verhältnisse eintreten, die sie schon vorfinden, die unabhängig von ihrem Willen entstanden sind und die sich nach eigenen objektiven Gesetzen entsprechend den sich verändernden Produktionsbedingungen entwickeln.

Doch während sich die Entwicklung der Produktionsverhältnisse in den vorsozialistischen Gesellschaftsformationen spontan, hinter dem Rücken der Menschen vollzieht, eröffnet sich nach der sozialistischen Revolution und der Vergesellschaftung der Produktionsmittel, die die Trennung der unmittelbaren Produzenten von den Produktionsmitteln überwindet, die Möglichkeit, die weitere Gestaltung der Produktionsverhältnisse bewußt, nach einem einheitlichen gesamtgesellschaftlichen Plan im Interesse aller Werktätigen zu verwirklichen. Friedrich Engels sagte dazu im Anti-Dühring: "Der Umkreis der die Menschen umgebenden Lebensbedingungen, der die Menschen bis jetzt beherrschte, tritt jetzt unter die Herrschaft und Kontrolle der Menschen, die nun zum ersten Male bewußte, wirkliche Herren der Natur, weil und indem sie Herren ihrer eignen Vergesellschaftung werden. Die Gesetze ihres eignen gesellschaftlichen Tuns, die ihnen bisher als fremde, sie beherrschende Naturgesetze gegenüberstanden, werden dann von den Menschen mit voller Sachkenntnis angewandt und damit beherrscht. Die eigne Vergesellschaftung der Menschen, die ihnen bisher als von Natur und Geschichte oktroyiert gegenüberstand, wird jetzt ihre eigne freie Tat. Die objektiven, fremden Mächte, die bisher die Geschichte beherrschten, treten unter die Kontrolle der Menschen selbst. Erst von da an werden die Menschen ihre Geschichte mit vollem Bewußtsein selbst machen, erst von da an werden die von ihnen in Bewegung gesetzten gesellschaftlichen Ursachen vorwiegend und in stets steigendem Maße auch die von ihnen gewollten Wirkungen haben. Es ist der Sprung der Menschheit aus dem Reiche der Notwendigkeit in das Reich der Freiheit."[3]

Doch mit der sozialistischen Revolution tritt nicht nur die Möglichkeit, sondern vor allem die Notwendigkeit der bewußten, planmäßigen Gestaltung und Entwicklung der Produktionsverhältnisse in den Vordergrund. Der entscheidende Vorzug der kommunistischen Gesellschaftsformation gegenüber allen vorangegangenen Ordnungen besteht gerade darin, daß die großen gesellschaftlichen Entwicklungsprobleme bewußt und rationell auf der Grundlage eines einheitlichen Plans gelöst werden. Gesellschaftlicher Fortschritt beinhaltet im Sozialismus sowohl die beschleunigte Entwicklung der Produktivkräfte als auch die beständige Höherentwicklung der Produktionsverhältnisse.

Es ist ein Wesensmerkmal des Sozialismus, daß die Wechselbeziehungen zwischen den Produktivkräften und Produktionsverhältnissen, aber auch die zwischen der ökonomischen Basis und dem Überbau der Gesellschaft, viel intensiver als in den vorangegangenen Gesellschaftsformationen wirken. Erstmals in der Geschichte ist die Entwicklung der Produktivkräfte planmäßig in gesamtgesellschaftliche Zielstellungen in Übereinstimmung mit den Erfordernissen des ökonomischen Grundgesetzes des Sozialismus eingeordnet, was nicht nur ihrer Vergeudung im gesellschaftlichen Rahmen entgegenwirkt, sondern den Prozeß des Wachstums der Produktivkräfte selbst wesentlich beschleunigt. Durch die systematische Mehrung und qualitative Höherentwicklung der Produktivkräfte werden im Sozialismus die unerläßlichen Voraussetzungen für die beständige Erhöhung des Volkswohlstandes und die Schaffung grundlegender Voraussetzungen für den allmählichen Übergang zum Kommunismus entwickelt. Zielstellung und Zielrealisierung verwirklichen sich über die Wirtschaftspolitik der Partei der Arbeiterklasse und des sozialistischen Staates. Die aktive Wechselwirkung zwischen Produktivkräften und Produktionsverhältnissen sowie zwischen ökonomischer Basis und dem Überbau widerspiegeln sich in dem gesetzmäßigen Prozeß der beständigen Vervollkommnung des Systems der Leitung, Planung und ökonomischen Stimulierung des gesellschaftlichen Reproduktionsprozesses. Die Wirtschaftsreformen bedeuten nicht nur, daß stets aufs neue die Übereinstimmung zwischen den Produktivkräften und den sozialistischen Produktionsverhältnissen hergestellt und gefestigt wird, sondern, da der sozialökonomische Charakter des wissenschaftlich-technischen Fortschritts primär durch die Produktionsverhältnisse bestimmt wird, werden durch die planmäßige Höherentwicklung der sozialistischen Produktionsverhältnisse selbst neue Triebkräfte für die Entwicklung der Produktivkräfte im Sozialismus freigesetzt.

Diese Intensivierung der Wechselbeziehungen zwischen Produktivkräften und Produktionsverhältnissen sowie zwischen Basis und Überbau ist ein qualitativ neues Moment in der Entwicklung der Produktionsverhältnisse der kommunistischen Formation, worin sie sich von den vorangegangenen Gesellschaftsordnungen unterscheidet. Man muß aber immer betonen, daß es Wechselwirkungen und keine einfachen linearen Beziehungen sind, etwa in dem Sinne, daß auch innerhalb der Formation die Veränderungen in den Produktionsverhältnissen prinzipiell nur von entsprechenden Veränderungen in den Produktivkräften ausgehen würden. Aus dieser intensiveren Wechselwirkung zwischen Produktivkräften und Produktionsverhältnissen im Sozialismus, aus der objektiv gesetzmäßigen Eigendynamik der sozialistischen Produktionsverhältnisse, erwächst die Bedeutung der Prognose und langfristigen Planung der Entwicklung der sozialistischen Produktionsverhältnisse.

Wenn man davon ausgeht, daß in der Etappe der entwickelten sozialistischen Gesellschaft einerseits "die dem Sozialismus immanenten Merkmale und Eigenschaften immer vollständiger zutage treten, immer reifer werden und die Gesetzmäßigkeiten und Prinzipien des Sozialismus ein immer größeres Terrain gewinnen"[4], und andererseits grundlegende Voraussetzungen für den allmählichen Übergang zur höheren Phase des Kommunismus geschaffen werden, dann macht das deutlich, daß die bewußte planmäßige Gestaltung dieser Prozesse aus gesamtgesellschaftlicher Sicht heraus zur unabdingbaren Voraussetzung für die Lösung der gesellschaftspolitischen Aufgaben des entwickelten Sozialismus wird. Schließlich ist es nicht nur der Entwicklungsstand der Produktivkräfte, der die beiden Phasen des Kommunismus voneinander unterscheidet. Auch die Unterschiede im Entwicklungsniveau der Produktionsverhältnisse sind dafür ein Kriterium. Neben dem Gemeinsamen, das sie als einheitliche Gesellschaftsformation charakterisiert, gibt es auch eine Reihe sehr wesentlicher Unterschiede zwischen den

Produktionsverhältnissen der niederen und der höheren Phase des Kommunismus: Unterschiede in den gesellschaftlichen Eigentumsformen, wesentliche Unterschiede zwischen Stadt und Land, zwischen körperlicher und geistiger Arbeit, zwischen den Verteilungsprinzipien, zwischen dem sozialistischen und dem kommunistischen Charakter der Arbeit. Die planmäßige Entwicklung der sozialistischen Produktionsverhältnisse ist somit ein ebensolches gesellschaftliches Erfordernis wie die Planung der Entwicklung der materiell-technischen Basis. Die Prognose und langfristige Planung der Entwicklung der sozialistischen Produktionsverhältnisse muß in höherem Grade als bisher der Planung der Produktivkraftentwicklung angepaßt werden, um eine komplexe und harmonische Entwicklung aller Bereiche und Seiten der entwickelten sozialistischen Gesellschaft zu fördern.

Die Bedeutung der bewußten Gestaltung der Produktionsverhältnisse wächst mit der fortschreitenden Gesellschaftsentwicklung, denn die Verwirklichung der Hauptaufgabe und die Realisierung der sozialökonomischen Programme ist zwangsläufig mit großen sozialökonomischen Veränderungen verbunden, die die Voraussetzungen bilden für den allmählichen Übergang zum Kommunismus. "Der schrittweise und allmähliche Übergang zum Kommunismus, die Herausbildung der klassenlosen Gesellschaft vollzieht sich planmäßig auf wissenschaftlicher Grundlage und bei voller Entfaltung der Initiative und Schöpferkraft aller Menschen unter der führenden und lenkenden Kraft der marxistisch-leninistischen Partei"[5], heißt es im Parteiprogramm.

In welchen Formen vollzieht sich die Planung der sozialistischen Produktionsverhältnisse? Diese Frage kann nicht mit dem Hinweis auf bestimmte Planungsrichtlinien beantwortet werden.

Die planmäßige Entwicklung der sozialistischen Produktionsverhältnisse unterscheidet sich naturgemäß sehr wesentlich von der Planung der Produktion. Bei der Bestimmung der konkreten Produktionsziele sind allgemein die gegebenen und erforderlichen Ressourcen sowie die möglichen technologischen Verfahren bekannt und meist auch eindeutig meßbar. Produktionsverhältnisse aber sind Beziehungen zwischen Menschen im Reproduktionsprozeß. Elemente der Produktionsverhältnisse sind: die Eigentumsverhältnisse, Beziehungen der gesellschaftlichen Organisation der Produktion und im unmittelbaren Arbeitsprozeß, die Distributionsverhältnisse, Zirkulationsverhältnisse, Konsumtionsverhältnisse, Beziehungen im gesamtgesellschaftlichen Leitungsprozeß der Volkswirtschaft, Ware-Geld-Beziehungen und andere. Das sind politökonomische Kategorien, die durch das gültige Kennziffernsystem der volkswirtschaftlichen Planung bei weitem nicht erfaßt werden.

Gesamtgesellschaftliche Planung - im strengen Sinne des Wortes - setzt aber dennoch ein gewisses Messen voraus (in welchen Formen auch immer), das Bestimmen des quantitativen Maßes für qualitative Entwicklungsprozesse. Haustein ist völlig zuzustimmen, wenn er sagt, "daß es in der politischen Ökonomie um gesellschaftliche Interessen und Beziehungen von Menschen geht, um einen in bestimmtem Sinne nicht wiederholbaren historisch-konkreten Prozeß. Der Klassencharakter und die Systembeziehungen der Ökonomie erschweren direkte und isolierte Messungen in der Art, wie sie die Naturwissenschaft kennt. Damit ist aber keineswegs der Stab über Maß und Zahl im ökonomischen Bereich gebrochen. Vielmehr folgt daraus, daß sozialökonomisches Messen höhere und spezifischere Anforderungen stellt."[6]

Eine sehr entscheidende Voraussetzung des Messens und damit der wissenschaftlich begründeten Planung gesellschaftlicher Entwicklungsprozesse ist die exakte Bestimmung der wesentlichen qualitativen Zusammenhänge und Wechselbeziehungen. Der gegenwärtige Erkenntnisstand der politischen Ökonomie des Sozialismus ermöglicht es noch nicht, das System der sozialistischen Produktionsverhältnisse und seines inneren Funktionsmechanismus, das heißt das konkrete Zusammenwirken zwischen seinen wesentlichen Bestandteilen und Elementen, eindeutig zu definieren. In der wirtschaftswissenschaftlichen Diskussion gibt es keinen Streit darüber, daß im System der sozialistischen Produktionsverhältnisse die Eigentumsverhältnisse, die sich aus der Stellung der unmittelbaren Produzenten zu den Produktionsmitteln ergeben, die materielle Grundlage für alle anderen Produktionsverhältnisse bilden. Übereinstimmend wird auch das System der sozialistischen Produktionsverhältnisse als die Gesamtheit der Beziehungen in allen vier

Phasen des gesellschaftlichen Reproduktionsprozesses - in der Produktion, der Distribution, der Zirkulation und in der Konsumtion - betrachtet, worin die Produktion das übergreifende Moment darstellt. Schließlich sind auch die wesentlichen Elemente der Produktionsverhältnisse bekannt, und es gibt eine Reihe von Prinzipien zu ihrer Systematisierung. Das methodologische Hauptproblem für die eindeutige Definition des Systems liegt aber vor allem in dem Problem begründet, daß immer nur Elemente "gleichen Ranges" einander zugeordnet werden können. Insbesondere der eigentliche Funktionsmechanismus der Produktionsverhältnisse ist noch zu wenig bekannt.

Der Erkenntnisprozeß ist immer die Einheit von empirischer Analyse realer Entwicklungsprozesse und theoretischer Verallgemeinerung auf der Grundlage der marxistisch-leninistischen Dialektik. Unter den genannten Aspekten gewinnt die systemorientierte Analyse der konkreten Entwicklungstendenzen der sozialistischen Produktionsverhältnisse besonders aktuelle Bedeutung.[7] In den Entwicklungstendenzen widerspiegeln sich objektive Gesetzmäßigkeiten, die ihrerseits die Basis für die wissenschaftlich begründete Prognose künftiger Entwicklungen bilden. Die Analyse der Entwicklungstendenzen der sozialistischen Produktionsverhältnisse ist somit für die Formulierung der gesellschaftlichen und wirtschaftlichen Zielstellungen und als Ausgangsbasis für die langfristige Planung des gesellschaftlichen Reproduktionsprozesses unerläßlich, zugleich aber vertieft sie auch den Einblick in den inneren Funktionsmechanismus der sozialistischen Produktionsverhältnisse und dient somit dem theoretischen Erkenntnisfortschritt.

Prognose und langfristige Planung der Produktionsverhältnisse beginnen mit der konkreten Analyse der realen Entwicklungstendenzen der sozialistischen Produktionsverhältnisse. Diese sind durchaus meßbar, wenn auch mitunter nur annähernd, indirekt, unvollständig. Und man kann einigermaßen genau den künftigen Verlauf dieser Entwicklungstendenzen vorausbestimmen: ob sie sich verstärken oder abschwächen oder gar aufheben werden, ob Richtungsänderungen eintreten werden und anderes. Die Analyse verbindet sich unmittelbar schon mit der Prognose der Entwicklung der Produktionsverhältnisse. Die Gesamtheit der wesentlichen Entwicklungstendenzen der sozialistischen Produktionsverhältnisse bildet den allgemeinen Rahmen für die konkrete Bestimmung der wirtschafts- und sozialpolitischen Aufgaben für den Perspektivzeitraum.

Die Grundidee für dieses methodologische Herangehen an die Analyse und Prognose der sozialistischen Produktionsverhältnisse ist vor einigen Jahren erstmals in der Sowjetunion entwickelt worden. Insbesondere im Institut für Ökonomie der Akademie der Wissenschaften der UdSSR wurden wichtige Vorarbeiten dafür geleistet, die es nunmehr allseitig zu vertiefen gilt. In der DDR haben sich Forschungskollektive, vor allem in der Akademie für Gesellschaftswissenschaften beim ZK der SED und im Zentralinstitut für Wirtschaftswissenschaften der Akademie der Wissenschaften der DDR, diese Aufgabe gestellt.

Bei der Analyse und Prognose der Entwicklung der sozialistischen Produktionsverhältnisse ist immer zu bedenken, daß es ein zutiefst dialektischer Prozeß ist. Es ist eine komplexe Entwicklung, die sich in Widersprüchen vollzieht. Man kann diese Entwicklung demzufolge nur analysieren, wenn man die Widersprüche selbst zum Gegenstand der wissenschaftlichen Analyse nimmt, denn sie sind es, die auf die herangereiften Probleme verweisen und die möglichen Lösungswege erkennen lassen. Neben den Widersprüchen zwischen der Entwicklung der Produktivkräfte und den Produktionsverhältnissen und den Widersprüchen zwischen der ökonomischen Basis und dem Überbau sind es vor allem auch die Widersprüche in den Produktionsverhältnissen selbst, zwischen ihren Elementen und Entwicklungsstufen, die besonders zu analysieren sind. Es ist eine historische Betrachtungsweise erforderlich, denn die Entwicklungstendenzen der Produktionsverhältnisse in der entwickelten sozialistischen Gesellschaft werden zunehmend von der Dialektik zwischen den beiden Phasen der kommunistischen Gesellschaftsformation bestimmt. Butenko nannte drei Momente des Übergangs vom Sozialismus zum Kommunismus:

"Erstens: Erhaltung und Weiterentwicklung der Merkmale des Sozialismus, die auch dem Kommunismus eigen sein werden (gesellschaftliches Eigentum an den Produktionsmitteln, unmittelbar gesellschaftlicher Charakter der Arbeit, Wirtschaftsplanung im Interesse der Werktätigen, Kollektivismus).

Zweitens: Überwindung jener Merkmale des Sozialismus, die es im Kommunismus nicht geben wird (Unterschiede der beiden Formen des sozialistischen Eigentums, sozial-klassenmäßige Unterschiede, Warenproduktion und Ware-Geld-Beziehungen, wesentliche Unterschiede zwischen Stadt und Land sowie zwischen körperlicher und geistiger Arbeit usw.).

Drittens: Schaffung solcher Elemente und Merkmale des Kommunismus, die es im Sozialismus entweder gar nicht oder nur in Keimform gibt (Arbeit als erstes Lebensbedürfnis, neue Formen der Arbeitsbewertung und der Produktionsleitung, ein neues System der Verteilung der Konsumgüter usw.)."[8]

Auch wenn man anerkennt, daß im entwickelten Sozialismus die ersten beiden Momente dominieren, so bergen diese allein schon eine große gesellschaftliche Dynamik in sich, die als Prozeß des Entstehens und Lösens von Widersprüchen zum Ausdruck kommt.

Dieses methodologische Grundprinzip der Analyse der Produktionsverhältnisse ist von Karl Marx begründet und erstmals auf die kapitalistische Produktionsweise angewandt worden. Ihn interessierte immer der Veränderungsprozeß - die Entstehung, Entwicklung und Ablösung der vielfältigen konkreten Produktionsverhältnisse -, der letztlich zur historischen Notwendigkeit der Ablösung der kapitalistischen Gesellschaftsformation durch die kommunistische führt.

Für die Entwicklung der sozialistischen Produktionsverhältnisse ist aber auch weiter zu bedenken, daß nach der sozialistischen Revolution in den Wechselbeziehungen zwischen Produktivkräften und Produktionsverhältnissen eine wesentliche Modifikation eintritt. Die durch die Stellung der unmittelbaren Produzenten zu den Produktionsmitteln bestimmten Eigentumsverhältnisse als grundlegendes Produktionsverhältnis bilden die entscheidende gesellschaftliche Voraussetzung für die Sicherung der Übereinstimmung der Produktionsverhältnisse mit dem Charakter der Produktivkräfte im Sozialismus. Diese Übereinstimmung schließt Widersprüche in der Entwicklung zwischen Produktivkräften und Produktionsverhältnissen nicht aus.

Aber diese Widersprüche können im Sozialismus niemals einen solchen Charakter annehmen, daß die Produktionsverhältnisse "aus Entwicklungsformen der Produktivkräfte ... in Fesseln derselben umschlagen"[9] würden, denn die antagonistischen Klassengegensätze sind beseitigt. Die stets neu auftretenden Widersprüche sind grundsätzlich lösbar. Aber das setzt die volle Ausschöpfung der Vorzüge des Sozialismus voraus: die bewußte, planmäßige Gestaltung der Entwicklungsprozesse.

Die objektiven Gesetzmäßigkeiten der Entwicklung der Produktionsverhältnisse widerspiegeln sich in einer Reihe von Entwicklungstendenzen der sozialistischen Produktionsverhältnisse. In der vorliegenden Arbeit wird der Versuch unternommen, einige Hauptrichtungen dieser Entwicklung und bestimmte Entwicklungstendenzen innerhalb dieser Hauptrichtungen in der Volkswirtschaft der DDR zu analysieren und auf künftige Entwicklungen zu verweisen. Die Beobachtung längerer Zeiträume von etwa 10 bis 20 Jahren soll zugleich Vorstellungen über das Tempo der Veränderungen im System der sozialistischen Produktionsverhältnisse vermitteln.

Historisch gesehen, berührt der Analysezeitraum zwei Entwicklungsetappen der ersten Phase der kommunistischen Formation: Die Etappe der Schaffung der Grundlagen des Sozialismus und die Etappe der entwickelten sozialistischen Gesellschaft. Demzufolge sind sowohl Entwicklungstendenzen zu beobachten, die im entwickelten Sozialismus zum Abschluß kommen, wie zum Beispiel die Umwandlung vorsozialistischer Eigentumsformen in sozialistische, als auch Entwicklungstendenzen, die erst im entwickelten Sozialismus zur Entfaltung kommen, wie zum Beispiel der Prozeß der Annäherung zwischen den beiden Formen des gesellschaftlichen Eigentums. In der vorliegenden Arbeit sind zunächst nur einige Entwicklungstendenzen in ihrem zeitlichen Verlauf erfaßt worden. Die konkret-historische Bewertung muß weiteren, detaillierteren Untersuchungen vorbehalten bleiben.

Bei der Analyse der Entwicklungstendenzen der sozialistischen Produktionsverhältnisse gehen die Autoren von den folgenden Faktoren aus, die diesen Entwicklungsprozeß wesentlich bestimmen:

- Beschleunigung des wissenschaftlich-technischen Fortschritts, vor allem die organische Verbindung der wissenschaftlich-technischen Revolution mit den Vorzügen der sozialistischen Wirtschaftsordnung,

- Vertiefung der sozialistischen ökonomischen Integration der Volkswirtschaften in der sozialistischen Staatengemeinschaft,
- weitere Vervollkommnung der Leitung, Planung und ökonomischen Stimulierung des gesellschaftlichen Reproduktionsprozesses,
- sozialistischer Wettbewerb der Werktätigen im umfassenden Sinne des Wortes,
- Rückwirkung der wachsenden sozialistischen Lebensweise auf den Charakter der Arbeit und andere.

Diese Faktoren stehen in enger Beziehung und Wechselbeziehung zu den sozialistischen Produktionsverhältnissen. Bestimmte Seiten sind selbst Elemente der Produktionsverhältnisse, wie zum Beispiel die Beziehungen der Planmäßigkeit, die Stellung der Werktätigen im Leitungssystem der Produktion, das Prinzip der kameradschaftlichen Zusammenarbeit und gegenseitigen Hilfe im sozialistischen Wettbewerb oder bestimmte Seiten der sozialistischen Lebensweise.

Im folgenden wird auf vier Hauptrichtungen der Entwicklung der sozialistischen Produktionsverhältnisse in der DDR näher eingegangen:

1. die Höherentwicklung der sozialistischen Eigentumsverhältnisse auf der Grundlage des wachsenden Vergesellschaftungsgrades der Produktion und der Arbeit,
2. den Prozeß der weiteren Vergesellschaftung der Produktion durch Vertiefung der sozialistischen Arbeitsteilung und engere Verflechtung aller Bereiche des gesellschaftlichen Reproduktionsprozesses,
3. die weitere Vertiefung des gesellschaftlichen Charakters der Arbeit und die allmähliche Abschwächung der wesentlichen sozialökonomischen Unterschiede zwischen Stadt und Land sowie zwischen geistiger und körperlicher Arbeit,
4. die weitere Entwicklung der Distributions- und Konsumtionsverhältnisse.

Das sind nicht alle Hauptrichtungen der Entwicklung der sozialistischen Produktionsverhältnisse, denn hier wären noch zu nennen die Prozesse der weiteren Internationalisierung des Wirtschaftslebens durch die sozialistische ökonomische Integration der Mitgliedsländer des RGW, die Entwicklung der Planmäßigkeit und Kollektivität im gesamtgesellschaftlichen Leitungsprozeß der Wirtschaftstätigkeit, die Entwicklung der Ware-Geld-Beziehungen und andere. Auch innerhalb der Hauptrichtungen kann nur ein Teil der real existierenden Entwicklungstendenzen der Produktionsverhältnisse aufgezeigt werden.

Der vorliegende Forschungsbericht wird als ein erster Versuch der Analyse konkreter Entwicklungsprozesse der Produktionsverhältnisse angesehen.

1. Die Höherentwicklung der sozialistischen Eigentumsverhältnisse auf der Grundlage des wachsenden Vergesellschaftungsgrades der Produktion und der Arbeit

Das System der Produktionsverhältnisse wird in jeder Gesellschaftsformation primär durch die spezifische Art und Weise der Vereinigung der unmittelbaren Produzenten mit den Produktionsbedingungen, vor allem mit den Produktionsmitteln, geprägt. Es ist jedesmal "das unmittelbare Verhältnis der Eigentümer der Produktionsbedingungen zu den unmittelbaren Produzenten - ein Verhältnis, dessen jedesmalige Form stets naturgemäß einer bestimmten Entwicklungsstufe der Art und Weise der Arbeit und daher ihrer gesellschaftlichen Produktivkraft entspricht -, worin wir das innerste Geheimnis, die verborgene Grundlage der ganzen gesellschaftlichen Konstruktion und daher auch der politischen Form des Souveränitäts- und Abhängigkeitsverhältnisses, kurz der jedesmaligen spezifischen Staatsform finden"[10]

Die Vereinigung der unmittelbaren Produzenten mit den sachlichen Produktionsbedingungen erfolgt im Prozeß der Produktion und Reproduktion der gesellschaftlichen Lebensbedingungen, der zugleich Aneignungsprozeß ist. Die Eigentumsverhältnisse, die die spezifische Art und Weise der Verbindung der unmittelbaren Produzenten mit den Produktionsmitteln und das Wesen dieses Aneignungsprozesses zum Ausdruck bringen, sind nicht einfach Beziehungen zwischen Menschen und Dingen. Es sind vielmehr Beziehungen, die sich im Reproduktionsprozeß zwischen den Menschen entsprechend ihrer Stellung zu den materiellen Produktionsbedingungen konkret gestalten. Aus der Geschichte sind drei Typen von Grundbeziehungen bekannt, die sich aus der Stellung der unmittelbaren Produzenten zu den Produktionsbedingungen ergeben:

erstens, der unmittelbare Produzent ist Eigentümer seiner Produktionsmittel (Verhältnisse der einfachen Warenproduktion, die sich aber nicht zu einer eigenen Gesellschaftsformation konstituieren konnten),

zweitens, der unmittelbare Produzent ist getrennt vom Eigentum an den Produktionsmitteln, die sich in den Händen von Ausbeuterklassen befinden (Sklavenhalterordnung, Feudalismus, Kapitalismus),

drittens, es bestehen Verhältnisse einer Assoziation freier Menschen, die sich auf das gemeinschaftliche Eigentum an den Produktionsmitteln gründet (Urgesellschaft, Sozialismus und Kommunismus).

Die sozialistischen Eigentumsverhältnisse stellen den bisher historisch fortgeschrittensten Grundtyp der Eigentumsverhältnisse dar. Ihre Wesensmerkmale sind:

Erstens: Die Arbeiterklasse und die mit ihr verbündeten Klassen und Schichten sind gemeinschaftliche Eigentümer der vergesellschafteten Produktionsmittel, die Trennung zwischen den unmittelbaren Produzenten und dem Eigentum an den Produktionsmitteln ist endgültig überwunden.

Zweitens: Erstmals in der Geschichte bilden sich gesamtgesellschaftliche Interessen der Werktätigen heraus, denen bislang antagonistische Klasseninteressen entgegenstanden, die grundsätzliche Übereinstimmung zwischen gesellschaftlichen, kollektiven und individuellen Interessen wird zur Triebkraft der gesellschaftlichen Entwicklung.

Drittens: Die Beziehungen zwischen den Werktätigen sind Beziehungen der kameradschaftlichen Zusammenarbeit und gegenseitigen Hilfe, die die in den Ausbeutergesellschaften vorherrschenden Konkurrenzverhältnisse ablösen und dem sozialistischen Charakter der Arbeit das Gepräge geben.

Viertens: Die dem historischen Charakter der Eigentumsverhältnisse entsprechende Notwendigkeit zur ständigen Höherentwicklung der Produktionsverhältnisse in Übereinstimmung mit der Dynamik der gesellschaftlichen Produktivkräfte vollzieht sich auf planmäßiger Grundlage, die Planmäßigkeit im gesamtgesellschaftlichen Rahmen tritt an die Stelle der gesellschaftlichen Anarchie im Produktions- und Aneignungsprozeß.

Die Ablösung der vorsozialistischen Eigentumsverhältnisse durch sozialistische leitet somit einen völlig neuen Entwicklungsabschnitt der Menschheit ein.

In Übereinstimmung mit den Entwicklungsetappen des Sozialismus sind im Prozeß der Herausbildung und Entfaltung der sozialistischen Eigentumsverhältnisse in der ersten Phase der einheitlichen kommunistischen Gesellschaftsformation drei Hauptentwicklungstendenzen erkennbar:

1. die Ablösung und Umwandlung der vorsozialistischen Eigentumsverhältnisse in sozialistische (vorwiegend in der Übergangsperiode vom Kapitalismus zum Sozialismus),
2. die Höherentwicklung der sozialistischen Eigentumsverhältnisse in ihren beiden Grundformen,
3. der Prozeß der Annäherung zwischen den staatlichen und den genossenschaftlichen Eigentumsverhältnissen in der entwickelten sozialistischen Gesellschaft.

1.1. Die Ablösung und Umwandlung der vorsozialistischen Eigentumsverhältnisse in sozialistische

Die Entstehung sozialistischer Eigentumsverhältnisse vollzieht sich in dem revolutionären Prozeß der Ablösung und Umwandlung der vorsozialistischen Eigentumsverhältnisse. Wie die historischen Erfahrungen der UdSSR, der DDR und der anderen sozialistischen Staaten lehren, ist dafür eine besondere Übergangsperiode vom Kapitalismus zum Sozialismus in den einzelnen Ländern erforderlich, während der zeitweilig noch mehrere Gesellschaftsformationen nebeneinander bestehen, bis die sozialistischen Eigentumsverhältnisse sich endgültig durchgesetzt haben. In der DDR währte diese Übergangsperiode 10 bis 15 Jahre und endete zu Beginn der sechziger Jahre.

Die Ablösung und Umwandlung der vorsozialistischen in sozialistische Eigentumsverhältnisse vollzieht sich auf mehreren Wegen: Der erste und für die revolutionäre Umwälzung der bestehenden Produktionsverhältnisse entscheidende Weg ist die Enteignung der großen kapitalistischen Betriebe, der Banken, Versicherungen und anderer sowie ihre Überführung in das

Volkseigentum. Ein zweiter Weg ist die allmähliche Überwindung der einfachen Warenproduktion auf dem Lande und in der Stadt durch die Entwicklung von Produktionsgenossenschaften. Ein dritter Weg ist die Beteiligung des sozialistischen Staates an privatkapitalistischen Betrieben, wodurch gemischte Eigentumsformen entstehen, die ebenfalls eine Form des Übergangs vom privatkapitalistischen Eigentum in sozialistisches Eigentum darstellen. Die Formen der Umwandlung vorsozialistischer Eigentumsverhältnisse in sozialistische umfassen somit eine weite Skala konkreter Wege, die von der entschädigungslosen Enteignung der Produktionsmittel über Formen des Loskaufes (Enteignung gegen Entschädigung) bis zur direkten Hilfe des sozialistischen Staates bei der Entwicklung der Genossenschaften reicht.

In der DDR ist der erste Schritt zur revolutionären Umgestaltung der Eigentumsverhältnisse schon in der Etappe der antifaschistisch-demokratischen Revolution vollzogen worden. In dem "Volksentscheid über die Übergabe von Betrieben von Kriegs- und Naziverbrechern" stimmte die große Mehrheit der Bevölkerung des Landes Sachsen am 30. Juni 1946 für die entschädigungslose Enteignung der Betriebe von Kriegs- und Naziverbrechern und für ihre Überführung in Volkseigentum. Gemäß dieser Willensbekundung der sächsischen Bevölkerung wurden im Land Sachsen und danach auch in den anderen Ländern und Provinzen der damaligen sowjetischen Besatzungszone entsprechende Gesetze erlassen und verwirklicht.

Im Beschluß der 11. Tagung des Parteivorstandes der SED vom 30. Juni 1948 wird festgestellt, daß "durch die Enteignung der Kriegs- und Naziverbrecher die Schlüsselstellungen in der Wirtschaft der Zone in die Hände des Volkes übergingen. Die Grundlage der Industrie sind jetzt die volkseigenen Betriebe, die im I. Quartal 1948 nur 8 v.H. der Gesamtzahl der meldepflichtigen Industriebetriebe darstellen, aber fast 40 v.H. der Produktion der wichtigsten Industriezweige der Zone erzeugten. Es blieb demnach wohl die Mehrheit der Betriebe in Privatbesitz, aber der Herrschaft der Monopole wurde ein Ende bereitet ... Somit verfügt das Volk über wichtige Positionen in der Wirtschaft der sowjetischen Besatzungszone."[11]

Nachdem der erste Schritt in der revolutionären Umwandlung der Eigentumsverhältnisse vollzogen und ein volkseigener Sektor der Wirtschaft entstanden war, gewannen nunmehr die anderen Formen der Umgestaltung vorsozialistischer Eigentumsverhältnisse in sozialistische besondere Bedeutung.

Der Prozeß der allmählichen Überwindung der einfachen Warenproduktion auf dem Lande und in der Stadt durch die Entwicklung von Produktionsgenossenschaften begann nach dem historischen Beschluß der II. Parteikonferenz der SED vom 12. Juli 1952, in dem festgestellt worden war, daß die politischen und ökonomischen Bedingungen sowie das Bewußtsein der Arbeiterklasse und der Mehrheit der Werktätigen so weit entwickelt waren, daß der Aufbau des Sozialismus zur grundlegenden Aufgabe in der Deutschen Demokratischen Republik geworden ist.

In der Landwirtschaft der DDR beschleunigte sich der Prozeß der Bildung von landwirtschaftlichen Produktionsgenossenschaften (LPG) besonders in der zweiten Hälfte der fünfziger Jahre. 1953 gab es in der Landwirtschaft der DDR 4 691 LPG, 1955 waren es 6 047 LPG, 1959 stieg die Zahl der LPG auf 10 132 und 1960 schließlich auf insgesamt 19 313 LPG mit 901 490 Mitgliedern (vgl. Anhang, Tabelle 1). In diesem Jahr wurde der Prozeß der Umwandlung der Formen der einfachen Warenwirtschaft in sozialistische Eigentumsverhältnisse auf dem Lande durch die Bildung von LPG nahezu abgeschlossen. Ihr Anteil an der gesamten landwirtschaftlichen Nutzfläche (LN) erreichte 84, 4 Prozent, so daß nunmehr der Anteil des sozialistischen Sektors an der LN insgesamt 92, 5 Prozent betrug (vgl. Anhang, Tabelle 2).

Dagegen ist der Prozeß der Überführung der auf der einfachen Warenwirtschaft beruhenden handwerklichen Produktion auf sozialistische Grundlagen noch nicht abgeschlossen, obwohl auch hier die Entwicklung der Produktionsgenossenschaften eine bedeutende Rolle spielt. Wie die Tabelle 3 im Anhang ausweist, begann die Entwicklung von Produktionsgenossenschaften des Handwerks (PGH) vor allem in der zweiten Hälfte der fünfziger Jahre und setzte sich bis 1971 verstärkt fort. 1971 bestanden 4 481 PGH mit 244 976 Mitgliedern,[12] die 51, 3 Prozent aller handwerklichen Leistungen erbrachten. Dieser Prozeß beinhaltete zugleich eine Vertiefung der Vergesellschaftung der Produktion. In einigen Zweigen des Handwerks setzten sich industrielle Fertigungsmethoden durch, sie wurden wichtige Zulieferbetriebe der Industrie. Damit waren die Voraussetzungen für die Überführung eines Teils der PGH in das Volkseigentum gegeben, die 1972 erfolgte. Bis Ende 1972 reduziert sich dementsprechend die Zahl der PGH auf 2 779 mit insgesamt 130 962 Mitgliedern, das heißt, es wurden 1972 etwa 1 700 PGH mit annähernd 114 000 Mitgliedern in VEB umgewandelt.[13]

Der Prozeß der Vergesellschaftung der Produktion verläuft im Bereich der handwerklichen Tätigkeit sehr differenziert und setzt sich auch noch in der entwickelten sozialistischen Gesellschaft fort. Demgemäß heißt es im Programm der SED: "Die sozialistische Gesellschaft bietet den Handwerkern und Gewerbetreibenden günstige Möglichkeiten, ihre Kräfte und Fähigkeiten im Interesse der Gesellschaft anzuwenden, am Aufbau der neuen Gesellschaft aktiv mitzuwirken und eine entsprechende Vergütung für ihre Arbeit zu erhalten. Von den Handwerkern und Gewerbetreibenden wird insbesondere ein wichtiger Beitrag zur Sicherung und Erweiterung der Dienstleistungen für die Bevölkerung erwartet."[14] Ende 1974 gab es neben den 138 254 genossenschaftlichen Handwerkern in 2 791 PGH insgesamt 287 114 Berufstätige in 93 636 privaten Handwerksbetrieben.[15]

In der Industrie der DDR vollzog sich die sozialistische Umwandlung der kapitalistischen Eigentumsverhältnisse in sozialistische, nachdem ein ökonomisch starker volkseigener Sektor geschaffen worden war, über die Form der staatlichen Beteiligung. Dieser Prozeß setzte vor allem ab 1956 ein. 1955 waren erst 28, 8 Prozent der Industriebetriebe volkseigen, 1, 7 Prozent genossenschaftlich und mehr als zwei Drittel der Betriebe, 69, 5 Prozent, noch privatkapitalistisch. Aber in den volkseigenen Betrieben waren schon 81, 9 Prozent der Beschäftigten vereinigt, die 83, 1 Prozent der gesamten Bruttoproduktion erbrachten. 1956 begann sich die Form der staatlichen Beteiligung zu entwickeln. 1962 übertraf die Zahl der Betriebe mit staatlicher Beteiligung erstmals die Zahl der privaten Betriebe. Dieser Prozeß erreichte 1971 seinen Höhepunkt und wurde 1972 mit ihrer Überführung in Volkseigentum auf freiwilliger Basis abgeschlossen (vgl. Anhang,

Tabellen 4 und 5). Insgesamt wurden 1972 rund 10 900 Betriebe mit staatlicher Beteiligung und private Betriebe in das Volkseigentum aufgenommen.

Von der Tiefe des inneren Umwandlungsprozesses, der durch diese Überführung nur seine entsprechende Formveränderung erfuhr, zeugt unter anderem nachdrücklich die Tatsache, daß mehr als 85 Prozent der ehemaligen Komplementäre und Inhaber von Privatbetrieben als Betriebsleiter oder für andere verantwortliche Funktionen in den neuen volkseigenen Betrieben gewonnen werden konnten.[16]

Die revolutionäre Umgestaltung der vorsozialistischen Eigentumsverhältnisse in sozialistische endete mit dem Sieg der sozialistischen Produktionsverhältnisse in der DDR. 1960 wurden schon mehr als fünf Sechstel des gesellschaftlichen Gesamtprodukts, 83, 7 Prozent, im sozialistischen Sektor der Volkswirtschaft erzeugt, und 83, 8 Prozent aller Arbeiter und Angestellten waren in volkseigenen oder genossenschaftlichen Betrieben, Einrichtungen oder Verwaltungen beschäftigt (vgl. Anhang, Tabellen 5 und 6).

In den anderen Mitgliedsländern des RGW vollzog sich, wie die Tabelle 7 im Anhang zeigt, der Prozeß der Umwandlung vorsozialistischer Eigentumsverhältnisse im wesentlichen nach den gleichen allgemeinen Gesetzmäßigkeiten wie auch in der Sowjetunion und der DDR. Bei aller Unterschiedlichkeit des Tempos, der Anteile der verschiedenen Formen und der Wechselbeziehungen zwischen ihnen setzte sich letztlich in allen Ländern die allgemeingültige Struktur der sozialistischen Eigentumsverhältnisse durch. In allen genannten Ländern betrug der Anteil des sozialistischen Sektors in der Industrie 1960 schon mehr als 97 Prozent, eine gewisse Ausnahme bildete hier lediglich die DDR mit einem Anteil von 88, 7 Prozent. In der Landwirtschaft kam die sozialistische Vergesellschaftung der grundlegenden Produktionsmittel zu unterschiedlichen Zeitpunkten zum Abschluß, war aber 1965 ebenfalls vollzogen. Eine Ausnahme bildet hier nur die VR Polen, in der der Privatsektor noch die dominierende Rolle spielte und auch gegenwärtig noch überwiegt.

1.2. Die Höherentwicklung der sozialistischen Eigentumsverhältnisse in den beiden Grundformen, dem staatlichen und dem genossenschaftlichen Eigentum an den Produktionsmitteln

Entsprechend den historischen Voraussetzungen und in Übereinstimmung mit den konkreten Wegen seiner Entstehung und Herausbildung existiert das sozialistische Eigentum an den Produktionsmitteln in zwei Formen: als staatliches, gesamtgesellschaftliches Volkseigentum und als genossenschaftliches Eigentum. Die staatliche Form des sozialistischen Eigentums an den Produktionsmitteln ist eine historische Notwendigkeit, die sich zum einen aus dem objektiv erreichten Entwicklungsstand der gesellschaftlichen Produktivkräfte ergibt, die die gesamtgesellschaftliche Organisation des Reproduktionsprozesses zum dringenden Erfordernis macht. Der Grad der wechselseitigen Verflechtungen zwischen den einzelnen Produktionen wächst in einem solchen Maße, daß eine harmonische Entwicklung der Volkswirtschaft ohne gesamtgesellschaftliche Leitung und Planung undenkbar wird. Zum anderen ist die staatliche Form des sozialistischen Eigentums an den Produktionsmitteln die unerläßliche Voraussetzung dafür, daß die Arbeiterklasse ihre historische Mission, die Beseitigung jeglicher Klassen und sozialer Unterschiede und die Aufhebung des Staates als Klassenorgan selbst, erfolgreich und ohne Umwege verwirklichen kann. Der sozialistische Staat ist der Repräsentant der gesamtgesellschaftlichen Interessen, das Instrument, mit dessen Hilfe die Arbeiterklasse im Bündnis mit den anderen werktätigen Klassen und Schichten das große gesellschaftliche Ziel, den allmählichen Aufbau der kommunistischen Gesellschaft, in die Tat umsetzen wird.

Dennoch nimmt nur ein Teil des sozialistischen Eigentums unmittelbar die Form des staatlichen Eigentums an den Produktionsmitteln an, während ein anderer Teil, vor allem jener, der direkt aus der Umwandlung der einfachen Warenproduktion hervorgegangen ist, genossenschaftliches Eigentum wird.

Die entscheidende Ursache für die Herausbildung und Entwicklung des sozialistischen Eigentums an den Produktionsmitteln in zwei Formen ist demnach vor allem der unterschiedliche Grad der Vergesellschaftung der Produktion in Industrie und Landwirtschaft. Die kapitalistische Produktionsweise vertieft den historisch entstandenen Gegensatz zwischen Stadt und Land. Die Landwirtschaft hat unter kapitalistischen Bedingungen an dem allgemeinen Vergesellschaftungsprozeß nur einen geringen Anteil.

Der sozialistischen Gesellschaft bleibt als Hinterlassenschaft der kapitalistischen Produktionsweise die historische Aufgabe, diesen Vergesellschaftungsprozeß der Produktion und der Arbeit "nachzuholen", das heißt alle gesellschaftlichen Voraussetzungen zu geben, damit sich die Produktivkräfte in der Landwirtschaft in einem solchen Maße entfalten können, daß der jahrhundertelange Gegensatz zwischen Stadt und Land aufgehoben wird.

Diesem Entwicklungsstand der Produktivkräfte und dem Vergesellschaftungsgrad der Produktion in der Landwirtschaft entspricht nach allen historischen Erfahrungen am besten die genossenschaftliche Form des sozialistischen Eigentums. Durch den freiwilligen Zusammenschluß der einfachen Warenproduzenten zu Genossenschaften in der sozialistischen Gesellschaft entstehen überhaupt erst einmal die elementaren Voraussetzungen für eine kooperative Arbeit und den Einsatz moderner Technik. Volkseigentum und genossenschaftliches Eigentum an den Produktionsmitteln bilden somit keinen Gegensatz, sondern sie stehen in enger Wechselbeziehung zueinander.

Mit der Herausbildung der sozialistischen Eigentumsverhältnisse und dem Sieg der sozialistischen Produktionsverhältnisse ist ihre Entwicklung nicht abgeschlossen, sondern ist der Anfang für eine allseitige Entfaltung auf den eigenen Grundlagen gesetzt. In der Literatur wird zu Recht darauf verwiesen, daß die "einseitige, statische Betrachtung des Eigentums", wonach "mit dem Akt der Liquidierung des kapitalistischen Eigentums das sozialistische Eigentum ein für allemal unverändert gegeben"[17] sei, überwunden werden muß. W.I. Lenin formulierte die Aufgabe, "die Produktion tatsächlich zu vergesellschaften"[18]. Die dynamische Höherentwicklung der sozialistischen Eigentumsverhältnisse ist eine unerläßliche Voraussetzung für die Gestaltung der entwickelten sozialistischen Gesellschaft, denn es ist ein solcher Grad der Vergesellschaftung der Produktion und der Arbeit und damit der sozialistischen Eigentumsverhältnisse zu erreichen, der den allmählichen Übergang zur höheren Phase des Kommunismus unmittelbar vorbereitet.

Die Höherentwicklung der sozialistischen Eigentumsverhältnisse auf seinen eigenen Grundlagen vollzieht sich in mehreren Richtungen.

Eine Richtung ist die systematische Vermehrung und qualitative Weiterentwicklung der Produktionsfonds auf der Grundlage der sozialistischen Akkumulation. Im Jahre 1949 betrug der durchschnittliche Grundmittelbestand in den produzierenden Bereichen der Volkswirtschaft der DDR 119 434 Millionen Mark. 1975 erreichte er einen Betrag von 366 650 Millionen Mark. Von 1949 bis 1975 wurde ein Gesamtbetrag von etwa 420 Milliarden Mark in diese Bereiche investiert. Der Gesamtbetrag der Investitionen, die von 1949 bis 1975 zur Entwicklung der produzierenden Bereiche der Volkswirtschaft der DDR eingesetzt wurden, übertrifft den durchschnittlichen Grundmittelbestand des Jahres 1975 somit bereits um etwa 55 Milliarden Mark[19] (vgl. Tabelle 1).

Tabelle 1

Entwicklung des durchschnittlichen Grundfondsbestands und der Fondsausstattung in den produzierenden Bereichen der Volkswirtschaft der DDR

Jahr	Durchschnittlicher Grundmittelbestand in Milliarden Mark	in Mark je Berufstätigen
1949	119,430	-
1955	136,926	21 088
1960	161,932	24 944
1965	217,466	34 505
1970	275,985	43 644
1975	366,650	57 595

Quelle: Statistisches Jahrbuch 1976 der DDR, Berlin 1976, S. 44.

Durch die sozialistische erweiterte Reproduktion erhöht sich beständig der Umfang der Produktionsmittel, über die die Kollektive und die einzelnen Werktätigen im unmittelbaren Arbeitsprozeß verfügen. Die Grundfondsausstattung der Werktätigen hat sich in der Zeit von 1955 bis 1975 auf 273,1 Prozent erhöht. Jeder Werktätige verfügt somit heute über fast dreimal mehr Produktionsmittel als vor 20 Jahren.

Eine zweite Richtung der Höherentwicklung der sozialistischen Eigentumsverhältnisse ist die fortschreitende Vergesellschaftung der Produktion durch ständig steigende Konzentration, Spezialisierung, Kooperation und Kombination der Produktion, die im Rahmen der sozialistischen ökonomischen Integration weit über die Grenzen der Volkswirtschaft hinausgeht. Sie kommt heute vor allem "im Wachstum der Konzentration und Zentralisation der Produktion, in der Vertiefung der gesellschaftlichen Arbeitsteilung, in der Erweiterung der Produktionsbeziehungen zwischen den einzelnen Betrieben des Landes, in der Festigung der Verhältnisse der kameradschaftlichen Zusammenarbeit und gegenseitigen Hilfe"[20] zum Ausdruck.

Dieser Prozeß, der im Abschnitt 2 der vorliegenden Arbeit ausführlicher dargestellt wird, beeinflußt wesentlich die innere Struktur der sozialistischen Eigentumsverhältnisse, denn "die Vergesellschaftung der Produktion ist allgemein gekennzeichnet durch größere Dimensionen, qualitativ höheres Niveau und wachsende Differenziertheit des Reproduktionsprozesses, durch fortschreitende Zunahme des Wirkungsgrades, der gegenseitigen Abhängigkeit und Verflechtung aller Elemente der Produktion und ihrer Resultate im Betrieb wie in der Volkswirtschaft".[21] Die innere Struktur der sozialistischen Eigentumsverhältnisse, die vor allem in den Beziehungen zwischen dem sozialistischen Staat und den Betrieben, zwischen den Betrieben selbst und zwischen Betrieb und Territorium zum Ausdruck kommt, wandelt sich mit der Vertiefung des Vergesellschaftungsprozesses.

Mit der wachsenden Größe, Fondsausstattung und gesellschaftlichen Bewußtheit der Produzentenkollektive - gegenwärtig sind schon zwei Drittel aller Arbeiter und Angestellten der Industrie der DDR in Betrieben mit einer Belegschaft von mehr als 1 000 Werktätigen beschäftigt - erhöht sich ihre Rolle bei der planmäßigen Entwicklung der Verflechtungsbeziehungen zwischen den verschiedenen Zweigen und Betrieben sowie bei der konkreten Gestaltung der unmittelbaren Arbeits- und Lebensbedingungen im Territorium im Rahmen des einheitlichen Volkswirtschaftsplanes. Mit der Vertiefung des realen Vergesellschaftungsprozesses in den seit 1969/70 neu entstandenen volkseigenen Kombinaten sowie in den Vereinigungen Volkseigener Betriebe wird die innere Struktur der sozialistischen Eigentumsverhältnisse in höherem Maße den Erfordernissen der sozialistischen Arbeitsteilung angepaßt. Die Höherentwicklung der sozialistischen Eigentumsverhältnisse steht somit in einem engen Zusammenhang zur weiteren Vervollkommnung des Systems der Leitung, Planung und ökonomischen Stimulierung des gesellschaftlichen Reproduktionsprozesses.

Schließlich ist eine dritte Richtung der Höherentwicklung der sozialistischen Eigentumsverhältnisse unmittelbar mit der weiteren Vertiefung des sozialistischen Charakters der Arbeit verbunden. Dieser Aspekt wird ausführlicher im Abschnitt 3 der vorliegenden Arbeit behandelt. Hier sei nur auf den bestehenden Widerspruch verwiesen, daß die Produzenten im Sozialismus in ihrer Stellung zu den Produktionsmitteln völlig gleich sind, daß aber andererseits noch wesentliche Unterschiede zwischen geistiger und körperlicher sowie zwischen landwirtschaftlicher und industrieller Arbeit und andere Unterschiede fortbestehen. Der Prozeß der tatsächlichen Vergesellschaftung der Produktion beinhaltet auch die weitere Vergesellschaftung der sozialistischen Eigentumsverhältnisse in Richtung der Schaffung von Voraussetzungen für die tatsächliche ökonomische Gleichheit der Produzenten. "Mit der Einheit von gesellschaftlicher Produktion und gesellschaftlicher Aneignung als Wesenszug des sozialistischen Eigentums ist die tatsächliche ökonomische Gleichheit aller Mitglieder der Gesellschaft hinsichtlich ihrer Stellung zu diesem Eigentum verbunden."[22] Die tatsächliche Vergesellschaftung der Produktion bedeutet in diesem Sinne die Überwindung der alten, vom Kapitalismus übernommenen Arbeitsteilung und volle Durchsetzung der neuen, der sozialistischen Arbeitsteilung der Assoziation sozialistischer Produzenten.

Die genannten drei Entwicklungstendenzen der sozialistischen Eigentumsverhältnisse, die sich in der Etappe der entwickelten sozialistischen Gesellschaft voll ausbilden, wirken in allen Bereichen des gesellschaftlichen Reproduktionsprozesses. Sie gelten damit für die Industrie gleichermaßen wie für die sozialistische Landwirtschaft.

Durch die Entwicklung der materiell-technischen Basis und durch die Konzentration und Zentralisation der landwirtschaftlichen Produktion haben sich im Verlauf der letzten 15 Jahre eine Reihe von Veränderungen in den genossenschaftlichen Eigentumsbeziehungen vollzogen. Mit der Industrialisierung der Landwirtschaft und der sich auf ihrer Basis vollziehenden Vergesellschaftung der Produktion entwickelt sich notwendig die genossenschaftliche Arbeit immer umfassender als assoziierte, direkt gesellschaftliche Arbeit. Die Höherentwicklung des genossenschaftlichen Eigentums in der Landwirtschaft vollzieht sich kontinuierlich in mehreren Stufen.

Ab 1960 hat sich in zunehmendem Maße eine Konzentration der LPG im Typ III vollzogen (vgl. Tabelle 2). Die LPG Typ III ist die gegenüber den Typen I und II fortgeschrittenere und einen höheren Vergesellschaftungsgrad verkörpernde Form genossenschaftlichen Eigentums.

Tabelle 2

Anteil in Prozent an der gesamten LN der LPG

Typ der LPG	1960	1970	1975
LPG Pflanzenproduktion	-	-	5
LPG Typ III	63	84	93
LPG Typ I und II	37	16	2

Quelle: Errechnet nach dem Statistischen Jahrbuch 1976 der DDR, Berlin 1976, S. 176 f.

1960 gab es in der Landwirtschaft der DDR insgesamt 19 313 LPG, davon waren 6 337 vom Typ III (32,8 Prozent) und 12 976 LPG vom Typ I und II. Bis 1974 hat sich die Gesamtzahl der LPG durch Konzentration und Zentralisation der Produktion auf 5 764 verringert, von denen 5 066 LPG vom Typ III (87,9 Prozent) und nur noch 698 LPG vom Typ I und II waren.[23]

Anfang der siebziger Jahre begannen sich qualitativ neue genossenschaftliche Eigentumsbeziehungen im Zusammenhang mit dem Beginn der grundsätzlichen Spezialisierung in der Landwirtschaft durch die Trennung zwischen der Pflanzen- und Tierproduktion herauszubilden.

Mit den kooperativen Abteilungen Pflanzenproduktion (KAP) und den zwischengenossenschaftlichen Einrichtungen (ZGE) entstanden als höhere Formen des genossenschaftlichen Eigentums neue wichtige Glieder der sozialistischen Volkswirtschaft. Sie sind vor allem durch einen höheren Grad der

Vergesellschaftung gekennzeichnet. Die kooperativen Einrichtungen besitzen jeweils eine eigene Leitung, einen eigenen Betriebsplan und eigene Fonds. Das sind charakteristische Merkmale einer Produktionseinheit.

Die kooperativen Einrichtungen stellen Vorstufen für die Herausbildung spezialisierter LPG, der Stufenproduktion und der Zusammenarbeit aller Eigentumsformen in Kooperationsverbänden und Wirtschaftsverbänden auf der Grundlage industriemäßiger Produktionsmethoden dar.

"Die gesetzmäßigen Prozesse der Arbeitsteilung, Konzentration, Spezialisierung und Kooperation führen planmäßig zur Weiterentwicklung der kooperativen Abteilungen Pflanzenproduktion zu landwirtschaftlichen Produktionsgenossenschaften Pflanzenproduktion."[24] Die LPG Pflanzenproduktion bietet für die Entfaltung der Produktivkräfte eine solide Basis. Deswegen ist die Festigung und Weiterentwicklung der kooperativen Abteilungen Pflanzenproduktion für die Pflanzen- und Tierproduktion das Hauptanliegen.

Die LPG bleiben noch längere Zeit die Grundeinheiten und der bewährte genossenschaftliche Betriebstyp in der Landwirtschaft, jedoch mit einem sich stets höher entwickelnden materiell-technischen, technisch-organisatorischen und sozialökonomischen Inhalt. Charakteristisch für die Entwicklung des sozialistischen Eigentums in der Landwirtschaft ist weiterhin, daß die gegenwärtig bestehenden Grundfonds der Landwirtschaft fast ausschließlich durch die gemeinsame Arbeit unter den neuen sozialistischen Produktionsverhältnissen geschaffen wurden.

In der Landwirtschaft hat seit 1960 mehr als ein Umschlag der Grundfonds stattgefunden. Den 1975 in Höhe von etwa 48 Milliarden Mark vorhandenen Grundfonds stehen 55,94 Milliarden Mark Investitionen seit 1960 gegenüber. Das bedeutet, daß die seit 1970 investierten Mittel mehr als die Hälfte der Grundfonds der Landwirtschaft betragen (vgl. Tabelle 3).

Tabelle 3

Entwicklung der Grundfonds in der Landwirtschaft

Jahr	Durchschnittlicher Grundmittelbestand in der Landwirtschaft (in Milliarden Mark)
1960	20,49
1970	37,50
1975	47,75

Quelle: Statistisches Jahrbuch 1974 der DDR, Berlin 1974, S. 44.

1.3. Der Prozeß der Annäherung zwischen den staatlichen und genossenschaftlichen Eigentumsverhältnissen in der entwickelten sozialistischen Gesellschaft

Mit der Höherentwicklung der landwirtschaftlichen Produktionsgenossenschaften nähern sich die beiden Grundformen des sozialistischen Eigentums immer stärker an. Das ist eine Hauptentwicklungstendenz der sozialistischen Eigentumsverhältnisse in der Etappe der entwickelten sozialistischen Gesellschaft.

Die weitere Intensivierung der landwirtschaftlichen Produktion auf der Basis der immer umfassenderen Anwendung industriemäßiger Produktionsmethoden bei zunehmender Konzentration, Zentralisation und Spezialisierung der Produktion führt zu einer engeren Verflechtung mit den übrigen Bereichen der Volkswirtschaft, das heißt vor allem mit dem volkseigenen Sektor. "Die Annäherung des kollektiv-genossenschaftlichen Eigentums an das Volkseigentum und das Verschwinden der Grenze zwischen ihnen wird im Ergebnis und mit der Erhöhung des Vergesellschaftungsgrades der genossenschaftlichen Produktion verlaufen."[25]

Der Prozeß der Vergesellschaftung verlief in der Landwirtschaft in den letzten Jahren schneller als in der Industrie, der historische Rückstand wird aufgeholt.

Kennzeichnend für diese Prozesse sind neben der Entwicklung der KAP und ZGE auch die Herausbildung agrochemischer Zentren (ACZ) und der volkseigenen Kreisbetriebe für Landtechnik sowie die Entstehung von Agrar-Industrie-Komplexen. Die Bildung der Agrar-Industrie-Komplexe konnte eingeleitet werden, weil durch die Entwicklung der kooperativen Abteilungen Pflanzenproduktion die Prozesse der Konzentration und Zentralisation in Verbindung mit der entsprechenden Spezialisierung einen solchen Stand erreichten, daß die durchgänge Einführung industrieller Produktion und die Anwendung komplexer Maschinensysteme in der landwirtschaftlichen Pflanzenproduktion gewährleistet ist.

Eine neue Form, die die Höherentwicklung des genossenschaftlichen Eigentums und die Annäherung beider Eigentumsformen kennzeichnet, ist die Agrar-Industrie-Vereinigung. Auf dem IX. Parteitag wurde dazu angeführt: "Mit dem Voranschreiten von Wissenschaft und Technik und dem Wachstum der Produktivkräfte bilden sich folgerichtig und gesetzmäßig neue Formen der Kooperation heraus. Eine solche neue Form ist die Zusammenarbeit mehrerer landwirtschaftlicher Produktionsgenossenschaften und volkseigener Güter Pflanzenproduktion mit agrochemischen Zentren, Kreisbetrieben für Landtechnik, Meliorationsbau- und Verarbeitungsbetrieben in Agrar-Industrie-Vereinigungen der Pflanzenproduktion. Diese Agrar-Industrie-Vereinigungen ermöglichen es, den zunehmend arbeitsteiligen Reproduktionsprozeß in der Pflanzenproduktion immer effektiver zu gestalten ..."[26]

Mit den qualitativen Veränderungen in den Produktionsbedingungen treten zugleich auch qualitative Veränderungen in den kollektiven Beziehungen im Reproduktionsprozeß, im Charakter der Arbeit, in den Verteilungs- und Austauschbeziehungen ein.

So wird die Höherentwicklung des genossenschaftlichen Eigentums auch deutlich in der Entwicklung der Formen der Verteilung nach der Arbeitsleistung innerhalb der Genossenschaften.

Die Vergütung der Arbeit der Genossenschaftsmitglieder erfolgte in der Vergangenheit auf der Basis von Arbeitseinheiten (AE). Die Arbeitseinheit ist jedoch ein innergenossenschaftliches Maß der Arbeit und der Verteilung, und die Höhe der Vergütung je AE ist unmittelbar abhängig von den ökonomischen Ergebnissen der LPG. Diese Arbeitsvergütung schließt noch Elemente der Ungleichheiten ein, da eine gleiche Arbeitsleistung in den verschiedenen Jahren und vor allem in verschiedenen Genossenschaften unterschiedlich vergütet werden kann.

Die sich auf der Grundlage der Industrialisierung vollziehende weitere Vergesellschaftung der landwirtschaftlichen Produktion führte daher auch zu einer Höherentwicklung der Formen der Durchsetzung der Verteilung nach der Arbeitsleistung durch den Übergang zur garantierten Grundvergütung. Die Grundvergütung erfolgt auf der Basis der von der Mitgliederversammlung unter Beachtung der Tarife der VEG für bestimmte Arbeiten festgelegten Vergütungshöhe je Arbeitseinheit, wobei die geleisteten Arbeitseinheiten in voller Höhe monatlich vergütet werden. Die Zusatzvergütung hingegen erfolgt am Jahresende und ist abhängig vom genossenschaftlichen Gewinn.

Mit der durch die Schaffung des sozialistischen Eigentums in der Landwirtschaft eingeleiteten umfassenden Vergesellschaftung der Produktion, die durch eine Veränderung der gesamten landwirtschaftlichen Produktionsweise gekennzeichnet ist, wurde somit ein Prozeß in Gang gesetzt, der zu einer Annäherung der genossenschaftlichen Landwirtschaft an die volkseigene Industrie führt, die alle ökonomischen Verhältnisse umfaßt. Die durch Veränderung der Eigentumsverhältnisse bewirkte Umwälzung der Produktionsweise, die sich durch die umfassende Einführung der auf industriellen Produktionsmethoden beruhenden kooperativen Arbeitsprozesse vollzog, wurde ihrerseits dynamische Triebkraft der Höherentwicklung der genossenschaftlichen Eigentumsverhältnisse.

Die Tendenz der Annäherung zwischen dem Volkseigentum und dem genossenschaftlichen Eigentum zeigt sich besonders in

- den intensiveren Beziehungen zwischen beiden Eigentumsformen durch die Vertiefung der Arbeitsteilung,
- der allmählichen Angleichung im Niveau der materiell-technischen Basis,
- der Verminderung der Unterschiede im Charakter der Arbeit.

Wesentlich an diesem Annäherungsprozeß ist jedoch, daß beide Grundformen des sozialistischen gesellschaftlichen Eigentums an den Produktionsmitteln einen ausreichenden Spielraum geben, um durch die innere Entwicklung dieser Grundformen den Vergesellschaftungsprozeß der Produktion und Arbeit entsprechend den konkreten Wechselbeziehungen zwischen Produktivkräften und Produktionsverhältnissen zu fördern.

2. Die weitere Vergesellschaftung der Produktion, die Vertiefung der sozialistischen Arbeitsteilung, die engere Verflechtung aller Bereiche des gesellschaftlichen Reproduktionsprozesses

Beiden Phasen der kommunistischen Formation ist ein hohes Niveau der Vergesellschaftung der Produktion eigen. Auf der Grundlage des gesellschaftlichen Eigentums an den Produktionsmitteln wird es erstmals in der Menschheitsgeschichte möglich und notwendig, den ganzen gesellschaftlichen Reproduktionsprozeß in Übereinstimmung mit den Zielen des Sozialismus nach einem einheitlichen gesamtgesellschaftlichen Entwicklungsplan zu lenken. Der unmittelbar gesellschaftliche Charakter der Produktion findet in der Planmäßigkeit der Wirtschaftsprozesse seinen Ausdruck.

Aber im Grad der Vergesellschaftung der Produktion gibt es zwischen den beiden Phasen der Formation noch wesentliche Unterschiede. Der reale Vergesellschaftungsgrad der Produktion widerspiegelt unmittelbar den Entwicklungsstand der Produktivkräfte und Produktionsverhältnisse sowie die ihnen entsprechende Organisationsstruktur der Wirtschaft. Im Sozialismus ist die übernommene Zersplitterung der Produktion und Dienstleistungen in zahlreiche Kleinbetriebe noch nicht überwunden, wenngleich die Großbetriebe eine dominierende Stellung einnehmen. Das technologische Niveau zwischen den Bereichen und Zweigen der Volkswirtschaft sowie innerhalb der Industrie ist noch sehr unterschiedlich, so daß es noch ein beträchtliches Produktivitätsgefälle zwischen den Volkswirtschafts- und Industriezweigen gibt. Die Integration von Wissenschaft und Produktion sowie anderen Prozessen beginnt sich erst durchzusetzen.

Die Überwindung dieser Unterschiede und die Vertiefung dessen, was beiden Phasen gemeinsam ist, geben dem Prozeß der weiteren Vergesellschaftung der Produktion im entwickelten Sozialismus das Gepräge, wobei die entscheidenden Impulse von der Beschleunigung des wissenschaftlich-technischen Fortschritts auf der Grundlage der Intensivierung des gesellschaftlichen Reproduktionsprozesses ausgehen. Aufgabe ist, "die Produktion tatsächlich zu vergesellschaften"[27] und die durch den Sozialismus gegebenen Möglichkeiten der schnelleren Entwicklung der Produktivkräfte bewußt zu nutzen.

Grundlage der weiteren Vergesellschaftung der Produktion im Sozialismus ist die Vertiefung der gesellschaftlichen Arbeitsteilung, die mit einer entsprechenden gesellschaftlichen Kooperation der Arbeit verbunden ist.

Es wäre einseitig, würde man diesen Vergesellschaftungsprozeß nur aus der unentwegten Höherentwicklung der Produktivkräfte ableiten. Er widerspiegelt ebenso bestimmte Veränderungen in den Produktionsverhältnissen und wird durch diese aktiv beeinflußt. Karl Marx unterschied in historischer Folge drei Formen der Kooperation der Arbeit: die einfache Kooperation, die manufakturmäßige Kooperation und die Kooperation der Arbeit in der kapitalistischen Fabrik. Mit der bestimmten Art und Weise des Zusammenwirkens der Menschen im Produktionsprozeß entsteht selbst eine "Produktivkraft"[28]. Bereits im Kapitalismus bildet sich mit der Vertiefung der arbeitsteiligen Prozesse der "gesellschaftliche Gesamtarbeiter" heraus, der sich aber nur über den Konkurrenzmechanismus des Marktes bestätigen kann. Im Sozialismus ist die reale Entfaltung des gesellschaftlichen Gesamtarbeiters im volkswirtschaftlichen Rahmen Wesensmerkmal des Vergesellschaftungsprozesses.

Aus der Analyse des Vergesellschaftungsprozesses der Produktion in den letzten 15 bis 20 Jahren in der DDR, aus dem erreichten Entwicklungsstand und den gesellschaftlichen Zielen für den nächsten Zeitraum werden folgende wichtige Entwicklungstendenzen deutlich:

1. die wachsende Konzentration der Produktion in Form der Konzentration der Produktionsmittel und Arbeitskräfte in spezialisierten Produktionseinheiten,
2. die weitere Zentralisation der Produktion und die wachsende Rolle der Kombinate und Vereinigungen im Wirtschaftsmechanismus,
3. die Annäherung im Niveau der Vergesellschaftung zwischen den Bereichen der Volkswirtschaft.

In den letzten 15 bis 20 Jahren haben sich hier bedeutende Veränderungen in der Volkswirtschaft der DDR vollzogen.

2.1. Die wachsende Konzentration der Produktion

Die Tendenz des Konzentrationsprozesses der Produktion ist unter anderem an der sinkenden Zahl der Betriebe bei wachsender Betriebsgröße erkennbar.

Von 1956 bis 1974 hat sich zum Beispiel die Zahl der Industriebetriebe von 18 344 auf 9 474, das heißt auf 51,6 Prozent reduziert (vgl. Anhang, Tabelle 8). Zugleich erhöhte sich die durchschnittliche Betriebsgröße. 1956 hatten 65,4 Prozent der Betriebe eine Belegschaft bis zu 50 Arbeitern und Angestellten, und nur 5,6 Prozent der Betriebe beschäftigten mehr als 500 Arbeitskräfte. 1974 gab es zwar immer noch 45,7 Prozent Betriebe mit weniger als 50 Arbeitern und Angestellten, aber 11,7 Prozent der Betriebe zählten eine Belegschaft von mehr als 500 Arbeitern und Angestellten. 1956 waren 49,9 Prozent der Arbeiter und Angestellten der Industrie der DDR in Betrieben mit über 1 000 Arbeitern und Angestellten tätig, die 52,3 Prozent der industriellen Bruttoproduktion erzeugten, 1974 waren es dagegen 66,5 Prozent der Gesamtzahl der Arbeiter und Angestellten mit einem Bruttoproduktionsanteil in Höhe von 67,6 Prozent.

Natürlich verläuft der Konzentrationsprozeß nicht gleichmäßig, und es gibt im Niveau der Konzentration innerhalb der Bereiche, darunter auch zwischen den Industriezweigen, erhebliche Unterschiede. Über einen längeren Zeitraum betrachtet, zeigt sich in der Industrie die höchste Konzentration bei solchen Zweigen wie der chemischen Industrie, der Energie- und Brennstoffindustrie und in der Metallurgie. Eine mittlere Konzentration ist in der Elektrotechnik und Elektronik sowie im Maschinen- und Fahrzeugbau festzustellen. Am geringsten ist der Grad der Konzentration in der Baumaterialienindustrie, in der Leichtindustrie (ohne Textilindustrie), in der Lebensmittelindustrie und in der Textilindustrie. Charakteristisch für den

Konzentrationsprozeß in der Industrie war eine beschleunigte betriebliche Konzentration in der Leicht- und Lebensmittelindustrie seit 1968 (vgl. Anhang, Tabelle 9).

Noch schneller als in der Industrie verlief dieser Prozeß in der Bauwirtschaft. Von 1956 bis 1975 verringerte sich die Anzahl der Betriebe um 57,8 Prozent. Die durchschnittliche Betriebsgröße erhöhte sich in diesem Zeitraum von 12 auf 39 Berufstätige, das heißt auf fast das 3,3fache. Im Vergleich zur Industrie, die mit durchschnittlich 146 beziehungsweise 361 Arbeitern und Angestellten für die Jahre 1956 und 1975 die durchschnittliche Betriebsgröße auf das 2,5fache erhöhte, stand die Bauwirtschaft auf Grund der vorwiegend handwerklichen Produktionszweige und der damit verbundenen Zersplitterung der Produktivkräfte 1956 auf einem Konzentrationsniveau von 1 (Industrie) : 0,082 und erreichte 1975 ein Verhältnis von 1 (Industrie) : 0,108. Dennoch waren in der Bauindustrie auch 1956 schon 51 Prozent aller Beschäftigten in Betrieben mit einer Belegschaft von mehr als 1 000 Beschäftigten tätig, 1975 erhöhte sich dieser Anteil auf 60 Prozent.

Die beiden Hauptzweige der Bauwirtschaft, Bauindustrie und Bauhandwerk, wiesen ein unterschiedliches Tempo der Konzentration auf, das maßgebliche Zäsuren durch wirtschaftspolitische Maßnahmen erhielt, wie die 1958 verstärkt einsetzende Bildung von Produktionsgenossenschaften des Bauhandwerks, die 1972 erfolgte Überführung eines Teils der PGH und privaten Bauhandwerksbetriebe in Volkseigentum und die ab 1972 erfolgte methodische Umstellung der statistischen Erfassung. Den Konzentrationsprozeß in der Bauwirtschaft machen die Angaben in der Tabelle 10 des Anhangs deutlich.

Diese Veränderungen in der sozialökonomischen Struktur innerhalb der Bauwirtschaft im Ergebnis des Vergesellschaftungsprozesses wirkte sich auf den Konzentrationsgrad der Bauindustrie aus. 1956 gehörten 60,1 Prozent der Betriebe zur Gruppe mit einer Beschäftigtenzahl bis zu 50 Arbeitern und Angestellten und nur 5,9 Prozent zur Gruppe mit mehr als 500 Arbeitern und Angestellten. Diese Relationen entwickelten sich wie folgt:

1971	55,0 : 7,1
1972	42,8 : 5,1
1975	29,6 : 7,2.

Wie die Tabelle 11 des Anhangs nachweist, traten durch die wirtschaftspolitischen Maßnahmen 1972 veränderte Relationen zwischen den Betriebsgrößengruppen ein, ging das Konzentrationsniveau der Bauindustrie zunächst gering zurück und bewirkte, daß der Konzentrationsprozeß auf etwas niederer Stufe neu einsetzte.

Am stärksten - vom Tempo des Veränderungsprozesses her gesehen - vollzog sich der Prozeß der Konzentration der Produktion in der Landwirtschaft.

Zum einen fand in dieser Periode der Übergang von der einzelbäuerlichen Wirtschaft zu den sozialistischen Produktionsgenossenschaften seinen Abschluß. 1952, als mit der II. Parteikonferenz der SED die Etappe der sozialistischen Umgestaltung auf dem Lande eingeleitet wurde, bewirtschafteten 1 906 LPG rund 3,3 Prozent der landwirtschaftlichen Nutzfläche (LN). Ihr Anteil vergrößerte sich von Jahr zu Jahr. 1959 bearbeiteten 10 132 LPG (vorwiegend Typ III) 43,5 Prozent der LN. Nach Vollendung des vollgenossenschaftlichen Zusammenschlusses wurden 1960 schließlich 91,9 Prozent der LN sozialistisch bewirtschaftet, darunter 84,2 Prozent durch 19 313 LPG (67,2 Prozent der LPG waren vom Typ I oder II).[29]

Zum anderen förderte die genossenschaftliche Entwicklung selbst die weitere Vertiefung des Konzentrationsprozesses in der Landwirtschaft der DDR. Bis 1975 reduzierte sich die Anzahl der LPG auf 23,6 Prozent der 1960 vorhandenen Anzahl bei gleichzeitig wachsender Betriebsgröße. Diesen kontinuierlichen Prozeß der Entwicklung der LPG Typ III nach Größengruppen der LN zeigt die Abbildung 1 sehr deutlich. Gegenwärtig hat der Konzentrationsgrad der LPG, gemessen am Umfang der LN je Betrieb, den der VEG bereits überschritten.

Der Prozeß der Konzentration der Produktion in zunehmend größeren Produktionseinheiten ist verbunden mit einem stetig verlaufenden Prozeß der Konzentration der Produktionsmittel, der in der wachsenden Grundfondsausstattung der Betriebe und der Arbeit zum Ausdruck kommt.

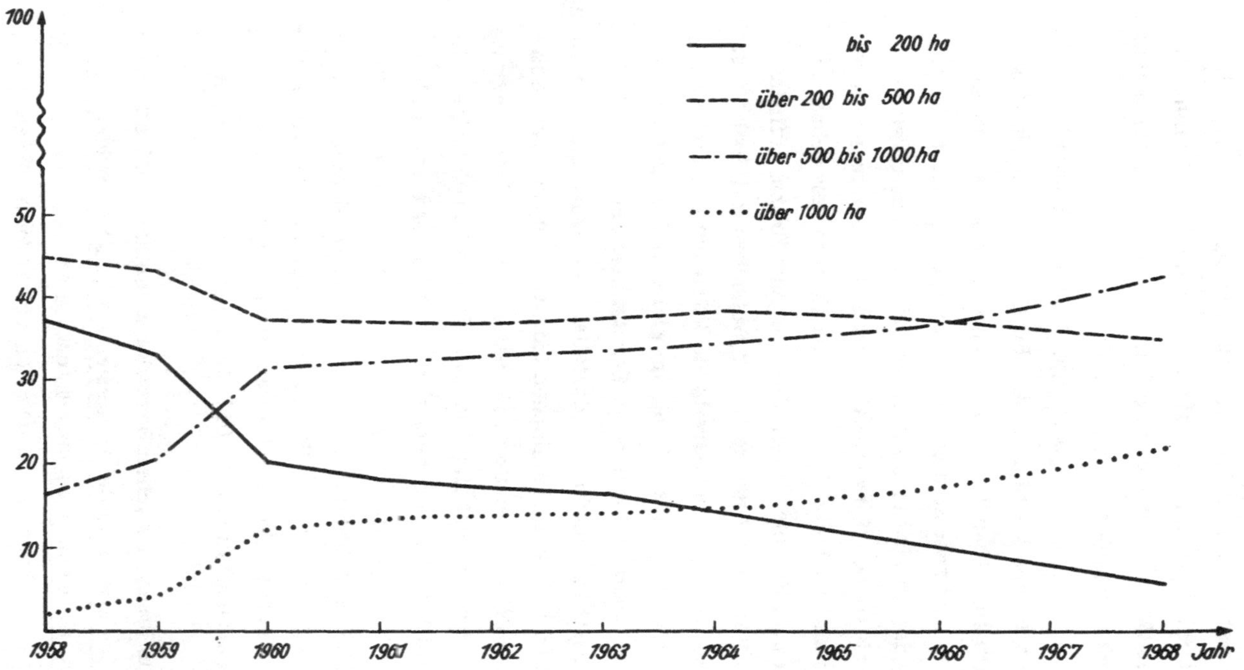

Abbildung 1: Landwirtschaftliche Produktionsgenossenschaften Typ III nach Größengruppen der landwirtschaftlichen Nutzfläche+ (in Prozent)

+ LN: 1958 - 1967 genossenschaftlich und persönlich genutzte Fläche.
Stand: 1958, 1961 - 1963: 31. 12.; 1959: 30. 11.; 1960: 20. 11.; ab 1964: September.

Quellen: Statistisches Jahrbuch der DDR 1969, Berlin 1969, S. 184; ebenda 1966, S. 264; ebenda 1964, S. 246; ebenda 1960/61, S. 422.

Während im produzierenden Bereich der Volkswirtschaft der DDR im Zeitraum von 1960 bis 1975 die Zahl der Berufstätigen leicht abnahm, erhöhte sich im gleichen Zeitraum der durchschnittliche Grundmittelbestand auf 226, 4 Prozent. Die Grundfondsausstattung der Arbeit hat sich somit im gleichen Zeitraum mehr als verdoppelt (vgl. Anhang, Tabelle 12).

Es standen keine Daten zur Verfügung, die den Grundfondsbestand nach Betriebsgrößengruppen zum Ausdruck bringen würden. Aber es läßt sich indirekt ein Zusammenhang zwischen betrieblicher Konzentration und steigender Konzentration der Produktionsmittel feststellen. In den Zweigen mit dem höchsten betrieblichen Konzentrationsgrad ist (wenn man von der Wasserwirtschaft absieht) auch die Grundfondsausstattung der Arbeit am höchsten: 1974 waren zum Beispiel in der Energie- und Brennstoffindustrie 99, 4 Prozent aller Arbeiter und Angestellten in Betrieben mit über 1 000 Arbeitern und Angestellten tätig (und bereits 79, 3 Prozent in Betrieben mit über 5 000 Arbeitern und Angestellten). Im gleichen Jahr betrug dort der durchschnittliche Grundmittelbestand je Berufstätigen 260 589 Mark (bei einer durchschnittlichen Grundmittelausstattung der Industrie insgesamt in Höhe von 70 173 Mark). In der chemischen Industrie, wo der betriebliche Konzentrationsgrad 81, 2 Prozent betrug, belief sich die Grundfondsausstattung der Arbeit auf durchschnittlich 125 470 Mark je Berufstätigen. In der Metallurgie waren 1974 94, 9 Prozent aller Arbeiter und Angestellten in Betrieben mit einer Belegschaft von mehr als 1 000 (und 79, 3 Prozent von mehr als 5 000) Arbeitern und Angestellten tätig, dem eine durchschnittliche Grundmittelausstattung je Berufstätigen von 100 247 Mark entsprach. Demgegenüber betrug die Grundmittelausstattung beispielsweise im Maschinen- und Fahrzeugbau nur 38 017 Mark und in der Leichtindustrie 31 107 Mark.[30]

Selbst wenn man die technologischen Besonderheiten der Zweige berücksichtigt, ist die Tendenz zur schnelleren Konzentration der Produktionsmittel in großen Produktionseinheiten unverkennbar.

Für die Bestimmung der Entwicklung des Konzentrationsprozesses in den nächsten Jahren sind die folgenden Umstände, die den erreichten Entwicklungsstand betreffen, zu berücksichtigen. Die ständige Weiterentwicklung und Vervollkommnung der Produktivkräfte zwingt objektiv zur weiteren Vergesellschaftung der Produktion. Die Beschleunigung des wissenschaftlich-technischen Fortschritts, die komplexe Mechanisierung und Automatisierung von Produktionsprozessen, die Entwicklung und Nutzung neuer Werkstoffe und Energiequellen, die Entwicklung immer leistungsfähigerer Maschinenaggregate und anderes führen gesetzmäßig zur Vergrößerung der Betriebe und zur Erhöhung der ökonomischen Bedeutung der Großbetriebe, weil sich schließlich die produktive Integration von Wissenschaft und Produktion nur auf dieser Basis vollziehen kann.

Andererseits sind dem Prozeß der Konzentration der Produktion bezüglich der Betriebsgröße, angesichts des im entwickelten Sozialismus erreichten ökonomischen Potentials und angesichts der Arbeitskräfteentwicklung Grenzen gesetzt. Die Arbeitskräfteentwicklung wird auch dadurch bestimmt, daß die Sphäre der materiellen Produktion künftig stärker als bisher Arbeitskräfte für die nichtproduzierende Sphäre freisetzen muß.

Ein anderer Umstand erhält für die künftige Entwicklung des Konzentrationsprozesses wahrscheinlich ein noch größeres Gewicht, nämlich die Tatsache, daß trotz des hohen Tempos der Konzentration der Produktion der erreichte Entwicklungsstand in der Konzentration des Erzeugnissortiments unzureichend ist und den Erfordernissen des beschleunigten wissenschaftlich-technischen Fortschritts noch nicht entspricht. Mit anderen Worten: Die Entwicklung der Spezialisierung der Produktion ist hinter der Konzentration der Produktion erheblich zurückgeblieben.

Es ist aber allgemein anerkannt, daß die Spezialisierung der Produktion, die Konzentration auf die Fertigung gleicher oder gleichartiger Erzeugnisse, die höchste Form der Konzentration vom Standpunkt der ökonomischen Effektivität darstellt.[31] "Die umfassende Spezialisierung bringt, dem Wesen nach, neue Züge im Entwicklungsprozeß der Konzentration der Produktion hervor. Der universale Großbetrieb mit einem hohen Niveau der vertikalen Produktionsorganisation macht mehr und mehr engspezialisierten Betrieben Platz, deren Größenausmaße unter bestimmten Bedingungen bedeutend kleiner als die universaler Großbetriebe sein können. Der Einfluß der Spezialisierung auf die Konzentration der Produktion ist folglich wesentlich komplizierter als bei anderen Formen der gesellschaftlichen Arbeitsteilung."[32]

Natürlich führt die gesetzmäßig notwendige Vertiefung der Spezialisierung nicht zu einer Dekonzentration der Produktion. Dem Großbetrieb gehört die Zukunft. Aber die optimale Betriebsgröße ist bei einer konsequent spezialisierten Fertigung eine andere als bei einem universalen Produktionsprogramm.

Der gegenwärtige Entwicklungsstand macht die verstärkte Orientierung auf die Vertiefung der Spezialisierung der Produktion in der Volkswirtschaft der DDR für den Prognosezeitraum zum dringenden Erfordernis. Der Konzentrationsprozeß der Produktion wird in den nächsten Jahren wesentlich durch diese Entwicklung bestimmt.

Repräsentative Erhebungen ergaben, daß durchschnittlich 18 Betriebe in der DDR die gleichen Einzelteile produzieren.[33] Angesichts der damit verbundenen relativ niedrigen Stückzahlen ist der Anteil der Massenfertigung an der gesamten Fertigung verhältnismäßig gering. Ganz besonders gilt das für die metallverarbeitende Industrie, wie es die Tabellen 13 und 14 des Anhangs ausweisen.

Eine Einschränkung des gegenwärtigen Erzeugnissortiments kann durch die Vertiefung der internationalen Spezialisierung und Kooperation der Arbeit im Rahmen der sozialistischen ökonomischen Integration der Mitgliedsländer des RGW erreicht werden. Dennoch wird die Vielfalt des Erzeugnissortiments bleiben. Deshalb muß die künftige Entwicklung auf das besser koordinierte Zusammenwirken von Konzentration und Spezialisierung gerichtet sein.

Eine wesentliche Effektivitätssteigerung wird erreicht, wenn man die Anzahl der Betriebe, die gleiche Erzeugnisse oder Erzeugnisteile herstellen, verringert (vgl. Tabelle 4).

Tabelle 4

Entwicklung der Konzentration und Spezialisierung nach Erzeugnissortimenten für ausgewählte Erzeugnisse

	Raumheizer für feste Brennstoffe				Herde für feste Brennstoffe			
	1960	1965	1970	1975	1960	1965	1970	1975
Anzahl der Betriebe	40	16	10	8	20	10	4	4
Typen	68	36	24	16	31	19	10	8
VbE je 1 000 Geräte	15,5	8,1	7,3	3,1	12,4	6,8	6	4,6

Die Spezialisierung nach Erzeugnissen stellt aber nur einen Aspekt dar. Wachsende Bedeutung erlangt künftig vor allem die Spezialisierung nach Teilen und Baugruppen und nach Stufen des technologischen Prozesses. Nach einer Untersuchung des Instituts für Ökonomie der Akademie der Wissenschaften der UdSSR sind die 2 000 Maschinenbaubetriebe der UdSSR wie folgt spezialisiert:

"80,5 Prozent nach dem Erzeugnissortiment,
17,3 Prozent nach Teilen und Baugruppen,
1,8 Prozent nach Stufen des technologischen Prozesses."[35]

Es überwiegt noch die Spezialisierung nach Erzeugnissen, aber die effektiven Formen, die auch in Verbindung mit der Unifizierung und Standardisierung der Bauteile den beschleunigten wissenschaftlich-technischen Fortschritt ermöglichen, sind die Spezialisierung nach Einzelteilen und Baugruppen sowie nach den technologischen Stufen.

Eine zentrale Stellung nimmt daher der Aufbau zentraler Fertigungen ein, wie Krolikowski hervorhob: "In der metallverarbeitenden Industrie ist bei der weiteren Gestaltung des arbeitsteiligen Prozesses in immer stärkerem Maße davon auszugehen, die Fertigung von Einzelteilen und Baugruppen zu zentralisieren, um damit die Voraussetzungen für hocheffektive mechanisierte Montagebetriebe zu schaffen."[36]

Seit dem VIII. Parteitag der SED sind bestimmte Erfolge erzielt worden. Die Zahl der zentralen Fertigungen für Baugruppen erhöhte sich viermal schneller als die für Einzelteile. Dennoch wurden bisher nur etwa 10 Prozent der geeigneten Sortimente an Einzelteilen und Baugruppen in der metallverarbeitenden Industrie in zentralen Fertigungen hergestellt.[37]

Eine Entwicklungstendenz, die sich in den nächsten Jahren verstärkt durchsetzen wird, ist somit die Konzentration spezialisierter Fertigungen, denn die Lösung des Widerspruchs zwischen dem erreichten Konzentrationsgrad der Arbeitskräfte und Produktionsfonds in großen Produktionseinheiten einerseits und der ungenügenden Konzentration des Erzeugnissortiments in diesen Produktionseinheiten andererseits wird zu einem entscheidenden Intensivierungsfaktor im neuen Fünfjahrplan.

Betriebe für die zentrale Fertigung von Einzelteilen oder Baugruppen werden nicht unbedingt die Dimensionen von Großbetrieben erreichen. Daher eignen sich bestehende Klein- oder Mittelbetriebe besonders für die Umprofilierung auf zentrale Fertigungen. Eine entscheidende Rolle werden daher bei der Vertiefung der Spezialisierung vor allem die Kombinate und Vereinigungen Volkseigener Betriebe (VVB) spielen.

Der optimale Konzentrationsgrad der Produktion in den Produktionseinheiten ist durch viele Faktoren bestimmt. Auf keinen Fall bedeutet dieser Prozeß die Beseitigung aller Klein- und Mittelbetriebe, denn auch diese Betriebe erfüllen eine wesentliche Funktion in der Volkswirtschaft. "Der Klein- und Mittelbetrieb erhält u. a. als Produzent für Sonderanfertigungen, für die rationelle Nutzung des gesellschaftlichen Arbeitsvermögens in den verschiedenen Territorien der DDR, für die Senkung der Transportaufwendungen, die schnelle Produktionswirksamkeit von Investitionen seine volkswirtschaftliche Bedeutung. Über die rationelle gesellschaftliche Organisation der Produktion ist ein ausgewogenes Verhältnis von Groß-, Mittel- und Kleinbetrieben anzustreben."[38]

Neben der eigentlichen Konzentration der Produktion in Produktionseinheiten gewinnt daher die weitere Zentralisation der Produktion zunehmendes Gewicht, die, nach Erreichen eines bestimmten Konzentrationsgrades, wahrscheinlich zunehmende Bedeutung für die weitere Vergesellschaftung des Reproduktionsprozesses erlangen wird.

2.2. Die zunehmende Zentralisation der Produktion und die wachsende Rolle der Vereinigungen und Kombinate im Funktionsmechanismus der Wirtschaft

Im Unterschied zur Konzentration, die stets an die Akkumulation gebunden und "nur ein andrer Ausdruck für die Reproduktion auf erweiterter Stufenleiter ist",[39] äußert sich die Zentralisation vor allem

- in der Zusammenlegung mehrerer Betriebe zu Großbetrieben beziehungsweise der Angliederung einzelner Betriebe an solche,
- in der Vereinigung von Betrieben zu Großkomplexen bei Erhaltung der ökonomisch-operativen Selbständigkeit der Betriebe,
- in der Zusammenfassung zersplitterter Produktionen,
- in der Zentralisation bestimmter Leitungs- und Planungsfunktionen.

Konzentration und Zentralisation sind eng miteinander verbunden. Das Ergebnis beider Prozesse ist immer gleich: "Umfassendere Organisation der Gesamtarbeit vieler, für eine breitre Entwicklung ihrer materiellen Triebkräfte."[40] Aber nach Erreichung eines optimalen Konzentrationsgrades der Produktion erhöht sich die Bedeutung der Zentralisation als Form der weiteren Vergesellschaftung der Produktion. Dieser Prozeß findet gegenwärtig vor allem seinen Ausdruck in der Entwicklung und neuen Rolle der Produktionsvereinigungen und Kombinate bei der Intensivierung des gesellschaftlichen Reproduktionsprozesses in den sozialistischen Ländern.

Seit 1963 entwickelten sich in der DDR die Vereinigungen Volkseigener Betriebe, die nach dem Prinzip der wirtschaftlichen Rechnungsführung arbeiten, zu Organen der Zweigleitung. Der damit verbundene Prozeß der Zentralisation der Produktion wurde in den Jahren 1969/70 durch die Bildung einer Reihe von Kombinaten verstärkt.

Beide Formen der Zentralisation der Produktion ergänzen einander. Das kommt unter anderem auch darin zum Ausdruck, daß sich im Prozeß der Bildung neuer Kombinate in den Jahren 1969/70 die Zahl der VVB verringerte. Von einem Teil der Kombinate wurden im Zusammenhang mit diesem Zentralisationsprozeß unmittelbar Funktionen der Zweigleitung übernommen.

Mit der weiteren Entwicklung und Festigung der Kombinate, Vereinigungen, Kooperationsverbände und ähnlichen Institutionen werden auf der Ebene der wirtschaftenden Einheiten die Voraussetzungen für die allmähliche Überwindung der noch vorhandenen Zersplitterung der Produktion und Bildung harmonischer Wirtschaftskomplexe geschaffen, die eine höhere Stufe der Vergesellschaftung darstellen, denn "die gewachsne Ausdehnung des industriellen Etablissements bildet überall den Ausgangspunkt für eine umfassendere Organisation der Gesamtarbeit vieler, für eine breitre Entwicklung ihrer materiellen Triebkräfte, d.h. für die fortschreitende Umwandlung vereinzelter und gewohnheitsmäßig betriebner Produktionsprozesse in gesellschaftlich kombinierte und wissenschaftlich disponierte Produktionsprozesse."[41]

Gegenwärtig zeichnet sich ein Prozeß ab, in dem die Produktionsvereinigungen (als Oberbegriff) eine qualitativ neue Rolle im Funktionsmechanismus der Wirtschaft erlangen. Gromov formuliert den Gedanken, "daß unter den Bedingungen des Sozialismus eine Organisation der gesellschaftlichen Produktion in Form großer Produktionsvereinigungen notwendig (ausgehend vom Ziel der Produktion) und möglich ist (infolge der Herrschaft des gesellschaftlichen Eigentums an Produktionsmitteln). Das muß zu einer solchen Reorganisation der Industrie führen, bei der die operativ-wirtschaftende Einheit nicht der autonome Betrieb ist, sondern die nach wirtschaftlicher Rechnungsführung arbeitenden Vereinigungen."[42]

Die Entwicklung und Festigung der VVB und Kombinate in der DDR entspricht vollauf den objektiven Gesetzmäßigkeiten im entwickelten Sozialismus.

Für die Bestimmung ihrer weiteren tendenziellen Entwicklung ist aber vom gegenwärtig erreichten <u>realen</u> Grad der Konzentration und Zentralisation der Produktion auszugehen. Es ist zu Recht darauf hingewiesen worden, daß es ein Fehler wäre, "die organisatorische Zusammenführung von Betrieben bereits als ein Wachstum der Konzentration der Produktion zu betrachten. Der höhere Grad der Vergesellschaftung der Produktion tritt nicht schlagartig mit der organisatorischen Zusammenführung ein."[43]

Eine künftige Entwicklungstendenz der weiteren Vergesellschaftung der Produktion besteht demzufolge in der weiteren Konzentration und Zentralisation der Produktion auf der Grundlage der Vertiefung der gesellschaftlichen Arbeitsteilung innerhalb der bestehenden Kombinate und VVB.

Es ist in diesem Zusammenhang vor allem von der Tatsache auszugehen, daß ein Kombinat in der Regel aus mehreren Kombinatsbetrieben und zahlreichen Produktionsstätten besteht, die zum Teil räumlich weit voneinander entfernt (über mehrere Bezirke verteilt) sind. Rohde, der auf dieses Problem aufmerksam machte, stellt auf Grund von repräsentativen Untersuchungen in der metallverarbeitenden Industrie der DDR fest, "daß zu einem Kombinat im Durchschnitt etwa 10 Betriebe des Kombinats und rund 30 Produktionsstätten gehören"[44].

Die Anzahl der Kombinate sagt, für sich genommen, somit noch nichts über den realen Grad des Vergesellschaftungsprozesses aus. "Niveau und Dynamik des Konzentrationsprozesses in der metallverarbeitenden Industrie werden durch die Zersplitterung der Kombinate und Betriebe in zahlreiche Produktionsstätten, die oft über die ganze Republik verteilt sind, negativ beeinflußt. Der reale Konzentrationsgrad und Produktionsmaßstab der Produktionsstätten ist deshalb in der Regel geringer, als er sich aus der Größe der Kombinate und Betriebe der Kombinate ergibt."[45] Zudem weisen Graichen und Rouscik zu Recht darauf hin, daß "die Zersplitterung der Produktion auf eine Vielzahl technisch-organisatorischer und örtlicher Einheiten bedeutend langsamer abnimmt, als dies die Veränderungen der Betriebsgrößenstruktur vermuten läßt".[46]

Zweifellos wird sich in den kommenden Jahren der Prozeß der Vergesellschaftung der Produktion innerhalb der Kombinate und Vereinigungen verstärkt fortsetzen. Diese Entwicklung wird vor allem durch zwei Prozesse ganz besonders beeinflußt.

Einerseits fördern die Vertiefung der sozialistischen ökonomischen Integration, die Forcierung der Standardisierung und Vereinheitlichung der Bauteile und die Entwicklung der zentralen Fertigungen allgemein benötigter Einzelteile und Baugruppen die Spezialisierung der Produktion, vor allem in ihren höheren Formen - der Spezialisierung nach Baugruppen und technologischen Stufen -, verbunden mit dem stärkeren Übergang zur Massen- und Großserienfertigung. Erst auf dieser Grundlage ist die Erzielung höchster Effektivität durch Beschleunigung des wissenschaftlich-technischen Fortschritts möglich. In diesem Prozeß spielen die Kombinate und Vereinigungen eine ausschlaggebende Rolle.

Andererseits sind die Kombinate und Vereinigungen zugleich die geeignetste Form für die Integration der Wissenschaft in den unmittelbaren Produktionsprozeß. Dieser Aspekt wird zu Recht immer wieder hervorgehoben. So schrieb zum Beispiel Sasontov: "Die Produktions-Vereinigungen entsprechen besser als der vereinzelte Betrieb den Erfordernissen der wissenschaftlich-technischen Revolution; innerhalb der Vereinigungen vollzieht sich die technische Vervollkommnung der Produktion auf der Grundlage der Sicherung der Einheit von Wissenschaft, Technik und Produktion schneller. Kleine über das Land verstreute Betriebe stellen dagegen ein ernsthaftes Hindernis bei der Erhöhung der ökonomischen Effektivität der gesellschaftlichen Arbeit dar."[47]

Die Vertiefung des Vergesellschaftungsprozesses innerhalb der bestehenden Vereinigungen und Kombinate wird somit zugleich mit der Lösung der obengenannten Spezialisierungsaufgabe verbunden sein, denn der materielle Inhalt des Vergesellschaftungsprozesses ist die Schaffung einheitlicher technologischer Prozesse unter der Voraussetzung des Aufbaus von zentralen Fertigungen in einzelnen Produktionsstätten, wodurch zugleich die Verflechtungsbeziehungen zwischen den Vereinigungen und Kombinaten systematisch verstärkt werden. Im Programm der SED ist die Aufgabe gestellt, "auf dem Wege der Konzentration und Spezialisierung die Großproduktion zu fördern, rationelle und stabile Kooperationsbeziehungen herzustellen und die Produktionsmittel zu modernisieren"[48].

Eine spezifische Form der Zentralisation der Produktion in der sozialistischen Landwirtschaft der DDR ist die Herausbildung und Entwicklung der kooperativen Abteilungen Pflanzenproduktion (KAP). Grüneberg bezeichnete die Herausbildung der kooperativen Abteilungen Pflanzenproduktion als einen großen gesellschaftlichen und ökonomischen Fortschritt, "der dem Übergang zur genossenschaftlichen Bewirtschaftung in keiner Weise an Bedeutung nachsteht"[49].

Auch hier sind die Prozesse der Zentralisation und Konzentration unmittelbar verbunden. Durch Vereinbarungen über die Zusammenfassung der Pflanzenproduktion entstanden neue, größere Produktionseinheiten, ohne daß sich der sozialökonomische Typ der Eigentumsverhältnisse an den Produktionsmitteln, die Eigentumsverhältnisse der bestehenden LPG verändern würde. Die neuen Produktionseinheiten bearbeiteten 1975 im Durchschnitt eine fast viermal so große landwirtschaftliche Nutzfläche wie die LPG, wodurch entscheidende Voraussetzungen für den Einsatz von großen Maschinenkomplexen in der Pflanzenproduktion geschaffen wurden.

Der Übergang zur KAP vollzog sich relativ rasch, weil die Prozesse der Zentralisation und Konzentration in der Landwirtschaft unmittelbar mit der Spezialisierung, der Trennung zwischen Pflanzen- und Tierproduktion und damit dem verstärkten Übergang zu industriellen Produktionsmethoden verbunden waren. Er begann etwa 1972. Ende 1974 bestanden bereits 1 198 KAP, 46 spezialisierte LPG Pflanzenproduktion und sechs VEG Pflanzenproduktion mit insgesamt 270 000 Genossenschaftsbauern und Arbeitern, die 4,4 Millionen Hektar LN bearbeiteten.[50] Damit wurden von etwa 34 Prozent der ständig Berufstätigen in der sozialistischen Landwirtschaft oder 58 Prozent der in der Pflanzenproduktion Tätigen schon etwa 75 Prozent der LN der sozialistischen Betriebe bewirtschaftet.

Neben den KAP entwickelten sich weitere Organisationsformen der Zentralisation und Konzentration in der sozialistischen Landwirtschaft beziehungsweise vertieften sich. Hier sind zwischengenossenschaftliche Einrichtungen (ZGE) zu nennen, in denen solche Arbeiten wie Bauleistungen, Meliorationen, Futtertrocknung und Kompaktierungen, Herstellung von Mischfutter, melioratives Tiefpflügen von mehreren LPG zusammengefaßt sind. Die Spezialisierung findet durch Konzentration von Arbeitsprozessen statt. Die ZGE entstehen vor allem durch gemeinschaftliche Investitionen von LPG. Sie haben sich zeitlich vor dem Entstehen von KAP herausgebildet und werden sich danach verstärkt auf die Tierproduktion beziehen, um auf dem Wege der Kooperation die Tierproduktion durch Einführung industriemäßiger Produktionsmethoden zu steigern und effektiver durchzuführen. Die vorrangige Entwicklung der KAP sichert dazu den notwendigen Vorlauf in der Futterproduktion.

Die KAP ist zur bestimmenden Form der genossenschaftlichen Produktion in der Feldwirtschaft geworden. Auch die Anzahl der ZGE hat wesentlich zugenommen. Die ZGE haben 1975 mit einem Anteil von etwa 53 Prozent der ständig Berufstätigen in den LPG bereits eine beachtliche Bedeutung erhalten (vgl. Anhang, Tabelle 15).

Im Programm der SED wird dieser Entwicklung eine außerordentlich hohe Bedeutung beigemessen. Es orientiert auf die "Herausbildung großer Produktionseinheiten auf der Grundlage der weiteren Festigung des Bündnisses zwischen Arbeiterklasse und Genossenschaftsbauern". Es heißt dort weiter: "Diese Produktionseinheiten zeichnen sich durch ein hohes Niveau der Konzentration, der Spezialisierung, der horizontalen und vertikalen kooperativen Beziehungen aus. Deshalb ist die Agrarpolitik der Sozialistischen Einheitspartei Deutschlands darauf gerichtet, Schritt für Schritt die Erzeugung pflanzlicher und tierischer Produkte nach dem Prinzip industrieller Produktion umzugestalten und den planmäßigen Übergang zu industriemäßigen Produktionsmethoden mit dem höchsten Nutzen für die gesamte Gesellschaft zu vollziehen. Auf diesem Wege wird in der Land- und Nahrungsgüterwirtschaft die wissenschaftlich-technische Revolution am besten mit den Vorzügen der sozialistischen Gesellschaftsordnung verbunden."[51]

Eine weitere Tendenz der Vergesellschaftung der Produktion ist somit die <u>Tendenz zur Herausbildung großer Produktionseinheiten in der sozialistischen Landwirtschaft.</u>

2.3. Die Annäherung im Niveau der Vergesellschaftung zwischen den Bereichen der Volkswirtschaft

Eine der Haupttendenzen im Prozeß der weiteren Vergesellschaftung der Produktion bleibt auch künftig die weitere Annäherung der verschiedenen Bereiche des gesellschaftlichen Reproduktionsprozesses im Niveau der Vergesellschaftung der Produktion.

Die eingangs festgestellte Tatsache, daß sich der Prozeß zur betrieblichen Konzentration im Bauwesen und vor allem in der sozialistischen Landwirtschaft noch schneller als in der Industrie vollzieht, weist bereits auf diese Tendenz hin. Es erfolgt aber auch eine Annäherung im Niveau der Grundmittelausstattung der Arbeit, wie Tabelle 16 im Anhang zeigt. Wenn man die Grundmittelausstattung je Beschäftigten der einzelnen Wirtschaftsbereiche jeweils zur Grundmittelausstattung je Beschäftigten in der Industrie (Industrie = 1) ins Verhältnis setzt, dann reduziert sich dieses Verhältnis im Zeitraum von 1960 bis 1975 nur für Verkehr, Post- und Fernmeldewesen von 1,75 : 1 auf 1,35 : 1, während es sich in allen anderen Bereichen erhöht. Besonders eindrucksvoll ist dabei die Entwicklung der Land- und Forstwirtschaft, wo das Niveau der Grundfondsausstattung von 45 Prozent auf 70 Prozent des Niveaus in der Industrie stieg. (Daß das produzierende Handwerk dieser Entwicklung nicht folgt, geht aus den Ausführungen im Abschnitt 1 hervor.) Diese Entwicklungstendenz wird sich in den nächsten 15 Jahren zweifellos verstärkt fortsetzen.

Die weitere Annäherung im Vergesellschaftungsniveau zwischen Industrie und Landwirtschaft ist gegenwärtig besonders deutlich erkennbar. Es wurde schon darauf verwiesen, daß sich mit der Bildung und Entwicklung der KAP eine Form der gesellschaftlichen Organisation der Produktion herausgebildet hat, die von den Größendimensionen her dem Vergesellschaftungsgrad der Produktion in der Industrie wesentlich stärker angenähert ist. Dieser Prozeß wird verstärkt durch die kooperative Vertiefung der Produktionsbeziehungen mit volkseigenen Betrieben.

Eine dieser kooperativen Formen der Zusammenarbeit ist die Entwicklung der agrochemischen Zentren (ACZ), die zur Herauslösung bestimmter landwirtschaftlicher Tätigkeiten (unter anderem der Düngung und Bodenbearbeitung) aus den LPG und VEG führt und somit die Arbeitsteilung und Kooperation innerhalb der sozialistischen Landwirtschaft vertieft.

1975 wurden von 292 ACZ einschließlich agrochemischer Brigaden mit etwa 20 747 ständigen Berufstätigen (schätzungsweise 4 bis 5 Prozent der in der Pflanzenproduktion insgesamt Tätigen) weit über die Hälfte der LN der sozialistischen Betriebe mit mineralischen Düngemitteln und Pflanzenschutzmitteln versorgt (vgl. Tabelle 5).

Tabelle 5

Leistungen der ACZ und Brigaden je ha LN der VEG und LPG (in Prozent)

Agrochemische Maßnahme	1973	1975
Phosphor- und Kalidüngung	54,5	65,8
Stickstoffdüngung	37,1	80,4
Pflanzenschutz	61,2	94,2

Quelle: Berechnet nach dem Statistischen Jahrbuch 1976 der DDR, Berlin 1976, S. 176 und S. 188.

Eine weitere Spezialisierung von Arbeitsprozessen erfolgte durch die Bildung und Entwicklung der volkseigenen Kreisbetriebe für Landtechnik zur Sicherung der Instandhaltung und Erweiterung der maschinellen Basis der Landwirtschaft (153 Betriebe mit 44 300 Arbeitern).

Insgesamt führt die Ausdehnung der gesellschaftlichen Arbeitsteilung und Erhöhung des Vergesellschaftungsgrades der Produktion zu strukturellen Veränderungen innerhalb der Landwirtschaft. Das führt zu Konsequenzen zum Beispiel in der Verteilung der Ressourcen innerhalb der Landwirtschaft, in den industriellen Vorleistungen und in den der Landwirtschaft nachfolgenden Verarbeitungs- und Zirkulationsstufen, der Verteilung territorialer Ressourcen oder in der Ausbildungsstruktur. Die strukturellen Veränderungen werden beim Einsatz der Berufstätigen besonders deutlich.

Während in den eigentlichen Hauptproduktionsbereichen (Pflanzenproduktion und Tierproduktion) ein absoluter und relativer Rückgang der Beschäftigten eintritt, ist im Ergebnis der Konzentration und Spezialisierung in den produktiven Vorleistungsbereichen, den Leitungs-, Hilfs- und Betreuungsprozessen ein absolutes und relatives Ansteigen zu verzeichnen.

Die Vertiefung der Spezialisierung in der landwirtschaftlichen Produktion auf hohem Vergesellschaftungsniveau erfordert zwangsläufig entsprechende dauerhafte Kooperationsbeziehungen, die über den Rahmen der landwirtschaftlichen Produktion weit hinausgehen.

Die Entwicklung der Produktivkräfte und die Vertiefung der gesellschaftlichen Arbeitsteilung und Kooperation führt nicht nur zu Veränderungen innerhalb des Bereiches der Landwirtschaft, sondern greift darüber hinaus. "Die Umwälzung der Produktionsweise in einer Sphäre ... bedingt ihre Umwälzung in der andren", stellte Karl Marx bei der Analyse des Übergangs von der Manufaktur zur Maschinerie und großen Industrie fest und führte weiter aus: "Die Revolution in der Produktionsweise der Industrie und Agrikultur ernötigte namentlich aber auch eine Revolution in den allgemeinen Bedingungen des gesellschaftlichen Produktionsprozesses, d.h. den Kommunikations- und Transportmitteln."[52]

Die Tendenz zur Herausbildung großer Produktionseinheiten in der sozialistischen Landwirtschaft und ihre zunehmende kooperative Verflechtung mit den anderen Bereichen der Volkswirtschaft ist begleitet von einer weiteren Tendenz im Vergesellschaftungsprozeß der Produktion: mit der <u>Tendenz zur Herausbildung des volkswirtschaftlichen Agrar-Industrie-Komplexes</u>. Im Programm des IX. Parteitages der SED heißt es dazu: "Auf diesem Wege bildet sich schrittweise der volkswirtschaftliche Agrar-Industrie-Komplex heraus, der auf effektivste Weise landwirtschaftliche Erzeugnisse, vor allem Nahrungsmittel, produziert. Dabei entstehen einheitliche technologische Ketten von der Produktion über die Verarbeitung bis zum Absatz. Es ist notwendig, die Herausbildung des volkswirtschaftlichen Agrar-Industrie-Komplexes im Interesse des ganzen Volkes immer besser zu leiten und zu planen."[53]

Die Vergesellschaftung der Produktion vollzieht sich auf der Grundlage des beschleunigten wissenschaftlich-technischen Fortschritts, der gleichermaßen alle Bereiche des gesellschaftlichen Reproduktionsprozesses erfaßt und die Verflechtungsbeziehungen zwischen ihnen wesentlich intensiviert. Das zeigt sich deutlich an der Ausbreitung der industriellen Methoden auf die anderen Bereiche der Volkswirtschaft, zum Beispiel auf das Bauwesen, die Landwirtschaft, das Verkehrswesen, den Handel, selbst zum Teil in der Forschung, wo die Grundfondsausstattung der wissenschaftlichen Mitarbeiter in den naturwissenschaftlichen Instituten die der Beschäftigten der meisten Industriezweige bereits übersteigt. Das führt letztlich zur Herausbildung einer einheitlichen technologischen Basis der Volkswirtschaft, deren Wesensmerkmale die komplexe Mechanisierung und Automatisierung der Produktionsprozesse und ein geschlossenes Informationssystem auf der Grundlage der elektronischen Datenverarbeitung sind.

Die Schaffung der materiell-technischen Basis des Kommunismus ist somit unmittelbar verbunden mit der Erreichung eines annähernd gleichen Entwicklungsniveaus der Vergesellschaftung der Produktion in den Hauptbereichen der Volkswirtschaft.

3. Die weitere Vertiefung des gesellschaftlichen Charakters der Arbeit und die allmähliche Abschwächung der wesentlichen sozialökonomischen Unterschiede zwischen Stadt und Land sowie zwischen geistiger und körperlicher Arbeit

Innerhalb des Systems der Produktionsverhältnisse nehmen die Beziehungen, die die Menschen unmittelbar im Arbeitsprozeß eingehen und im Charakter der Arbeit zum Ausdruck kommen, eine Schlüsselstellung ein. Die Arbeit ist, wie im Programm des IX. Parteitages der SED festgestellt wird, "die wichtigste Sphäre des gesellschaftlichen Lebens"[54].

Die Entwicklung des gesellschaftlichen Charakters der Arbeit reflektiert sowohl den Einfluß der Produktivkräfte auf die Produktionsverhältnisse als auch die entsprechenden Veränderungen im sozialökonomischen Wesen des Arbeitsprozesses ebenso wie dialektische Wechselwirkungen innerhalb des Systems der Produktionsverhältnisse und innerhalb der Struktur der Produktivkräfte. Es sind aktive Wechselwirkungen, innerhalb der die Technologie (im weitesten Sinne des Wortes) eine besondere Stellung einnimmt, denn "die Technologie enthüllt das aktive Verhalten des Menschen zur Natur, den unmittelbaren Produktionsprozeß seines Lebens, damit auch seiner gesellschaftlichen Lebensverhältnisse und der ihnen entquellenden geistigen Vorstellungen"[55].

Die Herausbildung und Entwicklung des gesellschaftlichen Charakters der sozialistischen Arbeit ist einerseits mit der beständigen Höherentwicklung der gesellschaftlichen Arbeitsteilung, andererseits aber auch mit der Überwindung der alten, vom Kapitalismus übernommenen oder, wie Engels sagte, der "falschen Arbeitsteilung" verbunden.[56] Diese beiden Komponenten bestimmen maßgeblich die innere Dialektik im Vergesellschaftungsprozeß der Arbeit im Sozialismus. Merkmale der "alten Arbeitsteilung" sind:

- Unterordnung der lebendigen Arbeit unter die vergegenständlichte (zwecks höchster Kapitalverwertung) und die daraus folgende berufliche Enge, Vereinseitigung, Dequalifikation und andere Entwicklungen,

- Trennung zwischen geistiger und körperlicher Arbeit, zwischen Stadt und Land, zwischen qualifizierter und unqualifizierter Arbeit, zwischen Arbeitsausführung und Arbeitsleitung und anderes,
- Ungleichmäßigkeit in der Entwicklung der technischen Basis und die Zersplitterung der Produktion.

Nach der Vergesellschaftung der Produktionsmittel im Ergebnis der sozialistischen Revolution wird die alte Arbeitsteilung allmählich aufgehoben. "An ihre Stelle muß eine Organisation der Produktion treten, in der einerseits kein einzelner seinen Anteil an der produktiven Arbeit, dieser Naturbedingung der menschlichen Existenz, auf andre abwälzen kann; in der andrerseits die produktive Arbeit, statt Mittel der Knechtung, Mittel der Befreiung der Menschen wird, indem sie jedem einzelnen die Gelegenheit bietet, seine sämtlichen Fähigkeiten, körperliche wie geistige, nach allen Richtungen hin auszubilden und zu betätigen, und aus der sie so aus einer Last eine Lust wird."[57]

Im Ergebnis des entstandenen und sich entwickelnden sozialistischen Eigentums verändert sich prinzipiell der Charakter der Arbeit, es bilden sich jene für den Sozialismus und Kommunismus allgemeinen Merkmale heraus wie: Gleichheit aller Werktätigen in der Stellung zu den vergesellschafteten Produktionsmitteln, Allgemeinheit der Arbeit, die kameradschaftliche Zusammenarbeit und gegenseitige Hilfe als grundlegende Beziehung zwischen den Werktätigen, die Unterordnung der vergegenständlichten Arbeit unter die lebendige Arbeit, eine sich prinzipiell verändernde Stellung des Werktätigen innerhalb der Produktion, die auf das Wohl und die allseitige Entwicklung des Menschen gerichtete Zielsetzung des Arbeitsprozesses. Diese Merkmale bestimmen zugleich das sozialökonomische Wesen der sozialistischen Arbeitsteilung.

Die Entwicklung der sozialistischen Arbeitsteilung und die Ablösung der "alten Arbeitsteilung" ist ein sehr langwieriger Prozeß, der sich über die ganze erste Phase der kommunistischen Formation erstreckt. Zwar wird der unmittelbar gesellschaftliche Charakter der Arbeit schon bald hergestellt und die Ausbeutung beseitigt, doch bestehen als "Muttermale" der alten Gesellschaft wesentliche Unterschiede zwischen den konkreten

Arbeiten fort: Unterschiede in den Arbeitsbedingungen, zwischen qualifizierter und unqualifizierter Arbeit, zwischen industrieller und landwirtschaftlicher Arbeit und andere. Es sind zugleich Unterschiede in den gemeinsamen Merkmalen der beiden Phasen der kommunistischen Gesellschaft; es sind Momente des "Alten im Neuen". Diese Unterschiede unterliegen dem Prozeß ihrer beständigen Veränderung. Im Reifeprozeß der entwickelten sozialistischen Gesellschaft prägt sich der sozialistische Charakter der Arbeit aus. Die noch bestehenden Unterschiede sind eingebettet und selbst Teil des Reifeprozesses der entwickelten sozialistischen Gesellschaft. Nur so ist erklärbar, daß bei noch bestehenden Unterschieden zugleich auch Keime der höheren Phase, Keimformen kommunistischer Arbeit, sich herausbilden.

Die Haupttendenz der weiteren Veränderungen im gesellschaftlichen Charakter der Arbeit im Sozialismus ist die allmähliche Abschwächung und Überwindung der wesentlichen Unterschiede und die steigende Gleichheit der Arbeit.

Diese Haupttendenz basiert auf der wachsenden Vergesellschaftung der Produktion und Arbeit, der ständigen Annäherung zwischen den verschiedenen Bereichen des gesellschaftlichen Reproduktionsprozesses im Niveau der Vergesellschaftung und im Niveau der technischen und technologischen Basis, dem Wachstum der Produktivkräfte und der gesellschaftlichen Effektivität. Wachsende Vergesellschaftung bedeutet auch zugleich Vertiefung der gesellschaftlichen Arbeitsteilung und damit weitere Spezialisierung der Tätigkeiten mit zunehmendem komplexen Charakter.

Wie die Analyse des Vergesellschaftungsprozesses der Arbeit in den letzten 15 bis 20 Jahren in der DDR zeigt, verläuft die weitere Vertiefung des gesellschaftlichen Charakters der Arbeit vor allem in drei Richtungen:

Die erste Richtung wird bestimmt durch Veränderungen, denen vorwiegend die technische und technologische Entwicklung der Produktion sowie die Vertiefung der Arbeitsteilung und Kooperation zugrunde liegt.

Die zweite Richtung geht von den Prozessen der Höherqualifizierung und Hebung des allgemeinen Bildungsniveaus der Werktätigen aus. Diese Prozesse resultieren nicht nur aus den unmittelbaren Erfordernissen der

Produktivkraftentwicklung, sondern sie sind ein allgemeines Entwicklungserfordernis des Sozialismus.

Eine dritte wesentliche Richtung besteht in der zunehmend aktiven Teilnahme der unmittelbaren Produzenten an der Leitung und Planung der Arbeitsprozesse und bei der konkreten Gestaltung der gesellschaftlichen Beziehungen im Arbeits- und Reproduktionsprozeß.

Diese Richtungen bei der weiteren Vertiefung des gesellschaftlichen Charakters der Arbeit und bei der allmählichen Abschwächung wesentlicher sozialökonomischer Unterschiede in der Arbeit treten in einer Reihe von Entwicklungstendenzen in Erscheinung. Sie bringen die in den letzten 10 bis 15 Jahren vollzogenen bedeutenden Veränderungen im Charakter der Arbeit zum Ausdruck und geben zugleich entsprechend den gesellschaftlichen Zielsetzungen Hinweise auf künftige Entwicklungen.

Natürlich vollziehen sich diese Veränderungen differenziert und auch widersprüchlich. Sie bringen vor allem den komplizierten Prozeß der dialektischen Wechselwirkungen zwischen dem Wachstum der Produktivkräfte und der Höherentwicklung der sozialistischen Produktionsverhältnisse zum Ausdruck. So bestehen Entwicklungswidersprüche zwischen den Erfordernissen steigender Produktivität und der Persönlichkeitsentwicklung aller Werktätigen, zwischen der Effektivität der Produktion und der gesellschaftlichen Effektivität (auch als "soziale" Effektivität bezeichnet), Differenzierungen beim Übergang zu höheren Technisierungsstufen infolge der Ungleichmäßigkeit der technischen Höherentwicklung und anderes. Die Differenzierungen und Widersprüche äußern sich vor allem in den Beziehungen zwischen dem Prozeß der konkreten Gestaltung der technischen und technologischen Bedingungen des Arbeitsprozesses im Zusammenhang mit dem wissenschaftlich-technischen Fortschritt und dem Entsprechen jener Erfordernisse, die sich aus der zunehmenden Ausprägung des sozialistischen Charakters der Arbeit, der Rolle des Werktätigen als Träger der sozialistischen Produktionsverhältnisse, der Lösung der sozialökonomischen und sozialen Aufgaben in der entwickelten sozialistischen Gesellschaft ergeben.

Das Anliegen der nachfolgenden Ausführungen soll nicht darin bestehen, auf die dazu bereits vorliegenden Erkenntnisse und Untersuchungsergebnisse einzugehen. Es besteht vielmehr darin, den allgemeinen Tendenzen bei der Ausprägung des sozialistischen Charakters der Arbeit vom Standpunkt der Entwicklung der sozialistischen Produktionsverhältnisse näher zu kommen, um, wie Lenin sagte, "den roten Faden zu sehen, der die gesamte Entwicklung ... zum Sozialismus verknüpft"[58].

Aus den sich abzeichnenden Entwicklungstendenzen, die die Veränderungen im Charakter der Arbeit widerspiegeln, sollen folgende besonders hervorgehoben werden:

1. ständige Vergrößerung der Produktionskollektive durch Konzentration und Zentralisation der Produktion,
2. wachsende Fondsausstattung der Werktätigen bei wachsendem Grad der Mechanisierung und Automatisierung der Arbeit,
3. Verringerung der technisch-ökonomischen Unterschiede zwischen den Bereichen, vor allem zwischen industrieller und landwirtschaftlicher Arbeit,
4. weitere Verringerung der körperlich schweren Arbeit und der Rückgang unqualifizierter Arbeit.
5. zunehmende Qualifikation und Hebung des allgemeinen Bildungsniveaus der Werktätigen sowie Verringerung der Unterschiede im Bildungs- und Qualifikationsniveau,
6. Erhöhung des geistig-schöpferischen Anteils in der Arbeit bei zunehmender Vereinigung von Arbeitsausführung und gesellschaftlicher Leitung sowie zunehmender Kollektivität der Arbeit,
7. strukturelle Veränderungen in der gesellschaftlichen Gesamtarbeit, vor allem infolge zunehmender Bedeutung der Arbeit in den nichtmateriellen Bereichen.

Diese Veränderungen beeinflussen die Beziehungen zwischen den Menschen im unmittelbaren Arbeitsprozeß beziehungsweise sind teilweise selbst Elemente der Höherentwicklung der gesellschaftlichen Beziehungen.

3.1. Die ständige Vergrößerung der Produktionskollektive

Im Ergebnis, vor allem der Konzentration, Zentralisation und Spezialisierung der Produktion, vollzieht sich eine Zunahme der kollektiven Arbeit in immer größeren betrieblichen Kollektiven. Das ruft Veränderungen im wechselseitigen Verhalten der Werktätigen, also in den Produktionsverhältnissen hervor.

Die zunehmende Kollektivität der Arbeit, wie sie sich auch im wachsenden Niveau des sozialistischen Wettbewerbs ausdrückt, als Beziehungen kameradschaftlicher Zusammenarbeit und gegenseitiger Hilfe zwischen den Werktätigen und zwischen den Arbeitskollektiven gibt immer mehr dem gesamten System der Produktionsverhältnisse das sozialökonomische Gepräge. Diese Veränderungen sind unter anderem durch zwei Momente charakterisiert. Die Beziehungen in den Produktionskollektiven bewegen sich zunehmend auf einer höheren Ebene und rücken immer enger an die gesamtgesellschaftlichen Interessen, Verhältnisse und Erfordernisse heran. Die gesamtgesellschaftliche Rolle der Produktionskollektive wächst, ihr Blickwinkel und ihre Sichtweite vergrößern sich, ihre gesamtgesellschaftliche Verantwortung steigt, viele Beziehungen werden unmittelbarer und direkter.

Zugleich führen die Momente der Vertiefung und der Erweiterung der gesellschaftlichen Arbeitsteilung und damit die Kooperation und Kombination, also der Zusammenschluß vieler Einzeltätigkeiten zu einem einheitlichen Ganzen, zur Ausdehnung und Differenzierung des Austausches der Tätigkeiten und Fähigkeiten (als Element der Produktionssphäre). Das erfolgt sowohl zwischen den Produzenten und den Kollektiven als auch zwischen den Betrieben und den Zweigen sowie zwischen den verschiedenen sozialen Gruppen der sozialistischen Gesellschaft. Bedingung und Resultat ist die zunehmende schöpferische Initiative bei der Lösung der Aufgaben der entwickelten sozialistischen Gesellschaft.

Die ständige Vergrößerung der Produktionskollektive im Ergebnis der Konzentration und Zentralisation der Produktion ist an der Zunahme der kollektiven Arbeit in immer größeren betrieblichen Kollektiven erkennbar. Die Angaben in der Tabelle 17 des Anhangs zeigen das deutlich.

Waren 1956 in der Industrie der DDR 49,9 Prozent der Arbeiter und Angestellten in Betrieben mit mehr als 1 000 Beschäftigten tätig und 38,1 Prozent in Betrieben bis 500 Beschäftigten (davon 16,4 Prozent in Betrieben bis 100 Beschäftigten), so waren 1974 schon 66,6 Prozent in Betrieben mit mehr als 1 000 Beschäftigten tätig, während nur noch 23,9 Prozent der Arbeiter und Angestellten in Betrieben bis 500 (davon 8,2 Prozent in Betrieben bis 100 Beschäftigten) arbeiteten. Das sind bedeutende Veränderungen, wobei noch zu berücksichtigen ist, daß die Klein- und Mittelbetriebe (der Anteil der Betriebe mit einer Beschäftigtenzahl bis 500 betrug 1974 immer noch 88,2 Prozent der Gesamtzahl der Betriebe und der der Betriebe bis 100 Beschäftigten - 65,4 Prozent) über die Formen der Kooperationsverbände, Erzeugnisgruppenarbeit und anderes ebenfalls in größere Kollektivbeziehungen einbezogen sind. Im Ergebnis der Prozesse der Konzentration hat sich in der DDR im Zeitraum von nahezu 20 Jahren die durchschnittliche Anzahl der Arbeiter und Angestellten je Industriebetrieb verdoppelt. Betrug 1955 die Anzahl der Arbeiter und Angestellten im Durchschnitt je Betrieb 132 Personen, so trat bis 1975 eine Erhöhung auf 361 ein. Das ist eine Veränderung auf 274 Prozent.

In einer gleichen Tendenz verläuft dieser Prozeß in der Bauindustrie, wie die Angaben der Tabelle 18 im Anhang zeigen. Die durchschnittliche Anzahl der Berufstätigen je Bauindustriebetrieb erhöhte sich von 164 Personen 1956 auf 331 im Jahre 1975. Auf das gegenüber der Industrie geringere Tempo und Niveau wirken eine Reihe objektiver Faktoren, so die besondere territoriale Gebundenheit der Bauaufgaben, die bedeutende Industrialisierung des Baus, was sich vor allem in dem sehr schnellen Zuwachs der Grundfondsausstattung der Arbeit ausdrückt, und andere Faktoren.

In der Landwirtschaft vollzieht sich mit der Intensivierung der landwirtschaftlichen Produktion und mit dem Übergang zu industriemäßigen Produktionsmethoden in einem sehr schnellen Tempo die Herausbildung immer größerer Produzentenkollektive und die Ausdehnung des kooperativen Arbeitsprozesses auf stets größerer Stufenleiter. Im Verlauf von 15 Jahren hat sich die durchschnittliche Anzahl der Mitglieder je LPG fast vervierfacht. Sie stieg von 47 Mitgliedern im Jahre 1960 auf 102 im Jahre 1970 und erreichte 1975 eine durchschnittliche Mitgliederzahl je LPG von 184.[59]

Mit dem Übergang zu kooperativen Abteilungen Pflanzenproduktion, als eine Form der Vertiefung der Arbeitsteilung in der Landwirtschaft, erfolgte eine weitere Vergrößerung der Produzentenkollektive. Mit dieser Zentralisation verdoppelte sich im Durchschnitt der DDR nochmals die Größe der Produzentenkollektive in der Pflanzenproduktion.

Mit zunehmender Arbeitsteilung, Kooperation und Kombination der Arbeit in allen Bereichen der Volkswirtschaft erhöht sich die gegenseitige Abhängigkeit und Bedingtheit der Teilarbeiten innerhalb der gesellschaftlichen Gesamtarbeit und über den nationalen Rahmen hinaus. Die Kollektivität der Arbeit weitet sich im Zuge der zunehmenden Verflechtung aus und vertieft sich. Hierin kreuzen sich viele Merkmale der Ausprägung des sozialistischen Charakters der Arbeit. Die Arbeitsorganisation und Arbeitsatmosphäre, die Maßstäbe für die Verwirklichung des Prinzips der kameradschaftlichen Zusammenarbeit und gegenseitigen Hilfe sind in großen Produzentenkollektiven andere als in Kleinbetrieben, der gesellschaftliche Bezug der konkreten Arbeitsleistungen ist unmittelbarer und der Zusammenhang zwischen individueller und gesellschaftlicher Interessiertheit enger, denn die kollektiven Interessen stellen zwischen beiden das Verbindungsglied dar.

Für die künftige Entwicklung bildet die Spezialisierung eine immer bedeutsamer werdende Grundlage. Lenin wies darauf hin, daß der Entwicklungsstand der Spezialisierung ein Gradmesser sowohl des erreichten technischen Fortschritts als auch der Vergesellschaftung der Arbeit ist.[60] Dabei gewinnt die internationale Arbeitsteilung und Spezialisierung zunehmende Bedeutung. Das ermöglicht, künftig auch jene nationalen Begrenzungen der Konzentration allmählich zu verringern, die sich aus inneren Proportionsanforderungen ergeben. So besteht zum Beispiel eine Abnahme der Konzentration innerhalb der Industrie nach der Stufenfolge der Produktion. Setzt man die Zweige der Grundstoffindustrie mit der höchsten Konzentration gleich 100, beträgt der Konzentrationsgrad in der metallverarbeitenden Industrie 77 Prozent und in den Betrieben der Leicht- und Lebensmittelindustrie 55 Prozent (vgl. Anhang, Tabelle 19).

Dieses Konzentrationsgefälle zwischen den Industriebereichen der nationalen Wirtschaft ist letztlich nur durch die umfassende sozialistische Internationalisierung der Produktivkräfte und Produktionsverhältnisse zu reduzieren. Damit wächst die Bedeutung der planmäßigen, proportionalen Verteilung des gesellschaftlichen Arbeitsvermögens wie aller Ressourcen im Rahmen des RGW.

Hierin kommt ein Teilaspekt im Annäherungsprozeß des Charakters der Arbeit zwischen den nationalen Wirtschaften der sozialistischen Staatengemeinschaft zum Ausdruck. Mit seiner Internationalisierung erhält der sozialistische Charakter der Arbeit eine weitere neue Qualität.

3.2. Die wachsende Fondsausstattung der Werktätigen

Die Vertiefung des gesellschaftlichen Charakters der Arbeit ist begleitet von einer kontinuierlich wachsenden Fondsausstattung der Arbeit. Die "Konzentration der Produktionsmittel und ihre massenhafte Anwendung ... setzt ... als wesentliche Bedingung die Anhäufung und das Zusammenwirken der Arbeiter voraus, also gesellschaftliche Kombination der Arbeit".[61]

Seit 1960 hat sich der Grundfondsbestand der produzierenden Bereiche der Volkswirtschaft von 161,9 auf 366,6 Milliarden Mark im Jahre 1975 mehr als verdoppelt. Die Grundfondsausstattung je Berufstätigen erhöhte sich von 24 944 auf 57 595 Mark. Das entspricht einer jahresdurchschnittlichen Zuwachsrate von 5,7 Prozent.[62]

Die wachsende Fondsausstattung der Arbeit, die sich auch künftig fortsetzen wird, ist unter einem doppelten Aspekt zu sehen. Einmal setzt sich die Konzentration der Produktionsfonds und der Vergesellschaftungsprozeß der Arbeit auch dann fort, wenn die Konzentration der Berufstätigen bereits optimale Ausmaße erreicht hat (die Zahl der Arbeitskräfte je Produktionseinheit bleibt im wesentlichen gleich, aber das technologische Potential wächst beständig weiter). Zum anderen verfügen große Produktionskollektive beziehungsweise Produktionskollektive in großen Wirtschaftseinheiten jeweils über einen entsprechend großen Anteil an den gesellschaftlichen Fonds. Für die Dynamik des Prozesses der Vergesellschaftung der Arbeit und der technologischen und gesellschaftlichen Veränderungen im unmittelbaren Arbeitsprozeß ist bedeutsam, daß sich der Zuwachs der Grundfonds der Volkswirtschaft der DDR etwa alle 10 Jahre verdoppelt (vgl. Tabelle 6).

Tabelle 6

Zuwachs der Grundmittel (in Milliarden Mark)

Jahre	Volkswirtschaft insgesamt	darunter produzierende Bereiche
1950 - 1960	56	41
1960 - 1970	142	114
1970 - 1980+	264	228

\+ Berechnet nach Direktivzahlen des IX. Parteitages der SED.

Quelle: Berechnet nach dem Statistischen Jahrbuch 1975 der DDR, Berlin 1975, S. 14.

Diese Tendenz des progressiven Wachstums der Grundmittel widerspiegelt vor allem drei qualitative Prozesse:

- das weitere Eindringen industrieller Methoden in Bereiche und Arbeitsstufen, die davon noch nicht erfaßt waren (Landwirtschaft, Wissenschaft, Hilfs- und Nebenprozesse und andere),
- die Inbetriebnahme immer größerer und leistungsfähigerer Maschinen und Aggregate,
- den Übergang zur komplexen Mechanisierung und Automatisation, der jedoch bezogen auf den Automatisierungskoeffizienten der Arbeit noch

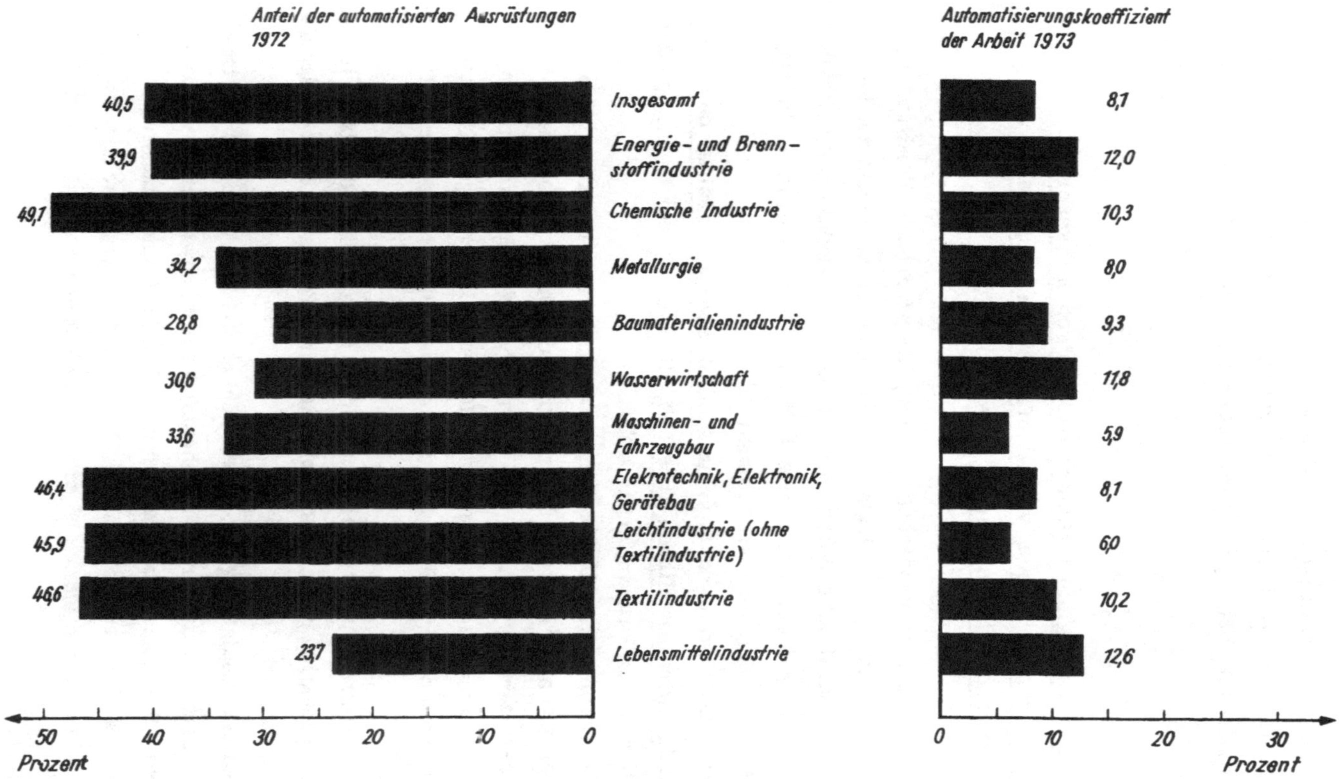

Abbildung 2: Anteil der automatisierten Ausrüstungen am Gesamtbestand der klassifizierbaren Ausrüstungen und Automatisierungskoeffizient der Arbeit in der zentralgeleiteten Industrie

Quellen: Statistisches Jahrbuch der DDR 1976, Berlin 1976, S. 129; ebenda 1975, S. 129.

relativ langsam verläuft (vgl. Abbildung 2). Dabei ist auch nicht zu übersehen, daß das Niveau zwischen den Zweigen ebenso wie zwischen den Grund-, Hilfs- und Nebenprozessen außerordentlich differenziert ist.

3.3. Die Verringerung der technisch-ökonomischen Unterschiede zwischen den Bereichen, vor allem zwischen industrieller und landwirtschaftlicher Arbeit

Die Vergrößerung der Produktionskollektive, die wachsende Fondsausstattung der Arbeit und ihre technologische Höherentwicklung sowie die Veränderungen in den unmittelbaren Arbeitsfunktionen der Werktätigen vollziehen sich in allen Bereichen der Volkswirtschaft und führen zu einer technisch-ökonomischen Annäherung zwischen ihnen.

Besonders deutlich zeichnet sich die Annäherung im Charakter der industriellen und landwirtschaftlichen Arbeit ab, die sich auf der Grundlage der Industrialisierung der Landwirtschaft vollzieht.

Ende 1974 waren etwa 270 000 Genossenschaftsbauern und Arbeiter in den kooperativen Abteilungen Pflanzenproduktion tätig. Das sind etwa 58 Prozent der insgesamt in der Pflanzenproduktion Beschäftigten. Die Zahl der in den zwischengenossenschaftlichen Einrichtungen Tätigen erhöhte sich in der Zeit von 1965 bis 1975 von 17 593 auf insgesamt 326 269 Werktätige.[63]

Die Veränderungen in der gesellschaftlichen Organisation der landwirtschaftlichen Produktion rufen entsprechende Veränderungen in der Beschäftigtenstruktur hervor.

Die Grundfondsausstattung der Arbeit nähert sich der Industrie an. Obwohl der durchschnittliche Grundfondsbestand der Landwirtschaft von 1955 bis 1975 nicht schneller als der der Industrie wuchs (in der Industrie von 78,0 auf 229,2 Milliarden Mark, in der Land- und Forstwirtschaft von 16,9 auf 47,8 Milliarden Mark),[64] erhöhte sich dennoch der durchschnittliche Grundmittelbestand je Berufstätigen in der Land- und Forstwirtschaft schneller als in der Industrie (vgl. Anhang, Tabelle 20).

Von 1955 bis 1975 stieg die Grundfondsausstattung in der Industrie insgesamt auf 240, 7 Prozent, in der Land- und Forstwirtschaft aber auf 502, 6 Prozent. Die jahresdurchschnittlichen Zuwachsraten lagen bei 4, 5 Prozent beziehungsweise 8, 4 Prozent. Betrug das Niveau der Grundfondsausstattung der landwirtschaftlichen Arbeit 1955 nur etwa ein Drittel des Niveaus der Industrie, hat es sich gegenwärtig schon auf zwei Drittel erhöht. Dabei ist hinzuzufügen, daß im Zuge des weiteren Vergesellschaftungsprozesses der durchschnittliche Grundmittelbestand je Berufstätigen zum Beispiel in den KAP etwa 80 000 bis 100 000 Mark, in den ACZ 150 000 bis 200 000 Mark und in der industriellen Tierproduktion 200 000 bis 600 000 Mark beträgt. Damit liegt die Grundfondsausstattung je Berufstätigen in den KAP und in industriellen Anlagen der Viehwirtschaft im Jahre 1975 bereits wesentlich höher als im Durchschnitt der Industrie mit 74 500 Mark. Sie entspricht etwa jener in den Industriebereichen der Chemie und Metallurgie beziehungsweise der Energie- und Brennstoffindustrie, also Zweigen mit einem relativ hohen technischen Niveau und einer hohen Konzentration. Hieraus wird die außerordentliche Dynamik der Höherentwicklung der Produktivkraft der Arbeit in der Landwirtschaft bei der Veränderung und Annäherung des Charakters der Arbeit besonders sichtbar.

Auch die Energieausstattung je Berufstätigen entwickelt sich in der Landwirtschaft bedeutend schneller als in der Industrie. Auf dieser Grundlage vollzog sich eine zunehmende Ablösung der Handarbeit durch Maschinenarbeit. So erhöhte sich der Maschinenbestand der sozialistischen Landwirtschaft von 1960 bis 1975[65] wie folgt:

	Prozent	Jahresdurchschnitt
Traktoren auf	198	4, 7
Lastkraftwagen auf	457	10, 7
Mähdrescher auf	175	3, 8

Es erfolgte eine rasche Zunahme der mit Großmaschinen durchgeführten Erntearbeiten (vgl. Abbildung 3).

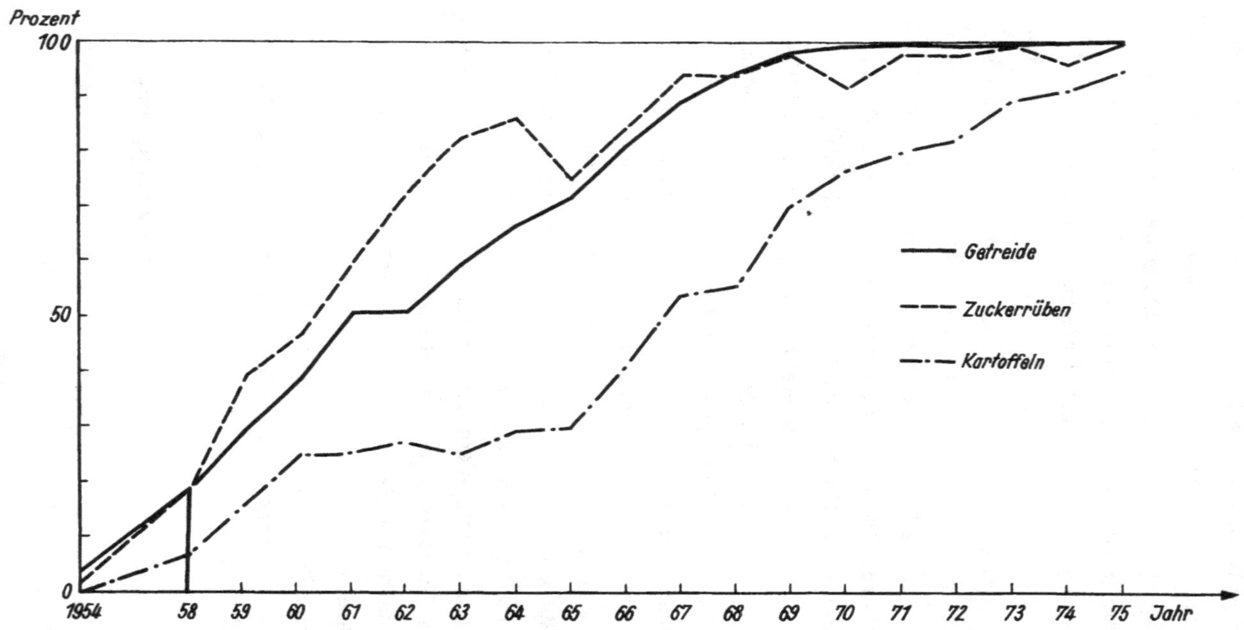

<u>Abbildung 3:</u> Mit Großmaschinen durchgeführte Erntearbeiten in der sozialistischen Landwirtschaft

<u>Quellen:</u> Statistisches Jahrbuch der DDR 1976, Berlin 1976, S. 187; ebenda 1975, S. 187; ebenda 1974, S. 205.

Mit der Zunahme des Maschinenbestandes und der Maschinenarbeit in der Landwirtschaft vollzog sich zugleich die qualitative Weiterentwicklung des Maschinenparks, vor allem hinsichtlich seiner zunehmenden Leistungsfähigkeit (vgl. Anhang, Tabelle 21).

Die sich in einem relativ hohen Tempo vollziehende Annäherung zwischen industrieller und landwirtschaftlicher Arbeit ist die materielle Grundlage der Prozesse der Annäherung zwischen Stadt und Land. Im Rahmen dessen dehnt sich auch die unmittelbar gesellschaftliche landwirtschaftliche Arbeit durch absoluten und relativen Rückgang der Arbeit in den individuellen Hauswirtschaften der Genossenschaftsbauern aus. Diese Tendenz macht allein schon die Entwicklung des staatlichen Aufkommens aus persönlicher Viehhaltung deutlich. Betrug dieser Anteil am Gesamtaufkommen aus genossenschaftlicher und persönlicher Viehhaltung im Jahre 1960 noch etwa 43 Prozent, so im Jahre 1973 nur noch etwa 11 Prozent.[66]

Bei den angeführten Daten über die relativ rasche Annäherung zwischen landwirtschaftlicher und industrieller Arbeit unter dem Aspekt der technisch-ökonomischen Entwicklung muß man hervorheben, daß es sich hier um Tendenzen, bei einem noch unterschiedlichen Niveau, handelt. Der noch bestehende Abstand wird unter anderem auch an der bisherigen Entwicklung der Arbeitsproduktivität deutlich. Obwohl die Zuwachsrate der Grundfondsausstattung je Berufstätigen in der Land- und Forstwirtschaft wesentlich höher als in der Industrie war (8, 4 Prozent zu 4, 5 Prozent in der Zeit von 1960 bis 1975), ist die Wachstumsrate der Nettoproduktivität in der Land- und Forstwirtschaft niedriger als in der Industrie (3, 9 Prozent zu 5, 2 Prozent).[67] Wenn auch diese Kennziffer für die Beurteilung der Arbeitsproduktivität, vor allem in der Landwirtschaft, sicher nicht voll aussagefähig und kein alleiniger Maßstab ist, so wird dennoch hierin die Problematik deutlich.

Für die Veränderungen in den sozialökonomischen Unterschieden zwischen Stadt und Land sind die folgenden Wachstumsrelationen (in ihrer Reihenfolge) im Zeitraum 1960 bis 1970 (jahresdurchschnittliche Wachstumsraten in Prozent) kennzeichnend:

Landwirtschaft		Industrie	
1. Qualifikation	11,2	1. betriebliche Konzentration	5,6
2. Grundfondsausstattung	8,8	2. Grundfondsausstattung	5,4
3. betriebliche Konzentration	8,1	3. Produktivität	5,1
4. Einkommen	5,6	4. Qualifikation	3,9
5. Produktivität	3,8	5. Einkommen	3,1

Mit der Intensivierung der landwirtschaftlichen Produktion werden sich einige Relationen zweifellos ändern, aber der Prozeß der allmählichen Abschwächung der wesentlichen sozialökonomischen Unterschiede zwischen Stadt und Land wird sich verstärkt fortsetzen, zumal dieser Prozeß durch die Wirtschafts- und Sozialpolitik von Partei und Regierung bewußt gefördert wird.[68]

3.4. Die weitere Verringerung der körperlich schweren Arbeit und der Rückgang unqualifizierter Arbeit

Von der wachsenden Fondsausstattung der Arbeit, die zugleich die materielle Basis für die Intensivierung der Volkswirtschaft durch Beschleunigung des wissenschaftlich-technischen Fortschritts bildet, gehen entscheidende Wirkungen für die allmähliche Abschwächung der wesentlichen Unterschiede in der sozialistischen Arbeit aus.

Haustein publizierte die in Tabelle 7 auszugsweise wiedergegebene Übersicht über die Entwicklung des technischen Niveaus in der Industrie der DDR.[69]

Tabelle 7

Entwicklung des technischen Niveaus in der Industrie der DDR

Koeffizienten	1960	1965	1970
Technisierungskoeffizient der Arbeit	57,0	62,2	65,1
Mechanisierungskoeffizient der Arbeit	42,0	46,9	52,0
Automatisierungskoeffizient der Arbeit	4,2	4,8	6,4
Anteil automatischer und teilautomatischer Ausrüstungen	-	18,0	33,0

Danach war 1970 zwar immer noch ein nicht geringer Teil der Beschäftigten in der Industrie vorwiegend mit Handarbeit tätig, andererseits betrug aber der Anteil der automatisierten Ausrüstungen am Gesamtbestand der klassifizierten Ausrüstungen schon 33 Prozent gegenüber etwa 13 Prozent im Jahre 1963.[70] Nach diesen Daten verlief in den 10 Jahren von 1960 bis 1970 am schnellsten der Prozeß der Automatisierung und Teilautomatisierung, danach folgten die Mechanisierung und die Technisierung.

Diese technologische Entwicklung verändert die Funktionen der Werktätigen im Arbeitsprozeß. Der Anteil der körperlich schweren Arbeit reduziert sich. Andererseits setzt sich "die Gesetzmäßigkeit der Ablösung der technischen Arbeitsfunktionen des Menschen und der wachsenden Rolle seiner schöpferischen Funktion im Arbeitsprozeß"[71] immer stärker durch. Die Tabelle 22 im Anhang zeigt diese Tendenz.

Wenn in der sozialistischen Industrie gegenwärtig auch noch etwa ein Drittel der Beschäftigten mit einfachen, nicht durch Energie betriebenen Werkzeugen arbeiten und etwa ebensoviel noch körperliche Bedienungstätigkeit ausüben, ist jedoch der beständige Rückgang der vorwiegend körperlichen und körperlich schweren Arbeit sowie die beständige Erhöhung des Anteils geistiger Arbeit an der gesellschaftlichen Arbeit die charakteristische und bestimmende Entwicklungstendenz (vgl. Anhang, Tabelle 23). Zugleich ist zu beachten, daß das erreichte Niveau im unmittelbaren Arbeitsprozeß noch relativ gering ist. Nick charakterisiert die gegenwärtigen Grundtypen der Arbeitsmittel der Industrie der DDR wie folgt: "Etwa 45 Prozent der Arbeiter sind nicht an Maschinen tätig, sie leisten manuelle Arbeit; etwa

37 Prozent arbeiten an 'klassischen Maschinen' und 8 Prozent arbeiten an automatisierten Maschinen."[72] Die Zunahme der geistigen und vor allem der schöpferisch-geistigen Arbeit vollzieht sich nicht linear zur wissenschaftlich-technischen Entwicklung. Die allgemeine Tendenz, daß mit steigendem Mechanisierungs- und Automatisierungsgrad der Arbeit eine Erhöhung der Qualifikationsstruktur eintritt, vollzieht sich gleichzeitig mit Differenzierungsprozessen in den Qualifikationsanforderungen und strukturellen Veränderung in der Verteilung des Arbeitsvermögens. Wahse stellt dazu aus Untersuchungen fest: "Jede neue Stufe der Mechanisierung verändert eine Reihe von Arbeitsplätzen, erhöht damit die Anforderungen dieser Arbeitsplätze, läßt aber auch gleichzeitig eine Reihe von Arbeitsplätzen in der alten Struktur und Form bestehen. Damit findet sowohl eine Differenzierung innerhalb der Arbeitsanforderungen und gleichzeitig eine Polarisierung der Qualifikationsstrukturen statt."[73]

Ein weiteres Charakteristikum der Auswirkungen des wissenschaftlich-technischen Fortschritts ist der Rückgang zweigspezifischer Kenntnisse infolge der Übertragung von Arbeitsfunktionen auf Maschinen sowie die Erhöhung der Bedeutung allgemeiner technischer Berufsbildung mit höherem wissenschaftlichen Niveau bei Zunahme disponibler Tätigkeiten. Diese Tendenz im Maße der fortschreitenden Mechanisierung und Automatisierung ist verbunden mit der Veränderung der Relation von unmittelbarer Produktionstätigkeit zugunsten der produktionsvorbereitenden Abteilungen einschließlich sogenannter Hilfsabteilungen der Betriebe und wirkt vor allem in diesen Bereichen der mittelbaren Produktion.[74]

Der Differenzierungsprozeß ist zu einem wesentlichen Teil dem unterschiedlichen Umfang und Tempo des Übergangs zur Mechanisierung und Automatisierung innerhalb der einzelnen Glieder des arbeitsteiligen technologischen Prozesses geschuldet.

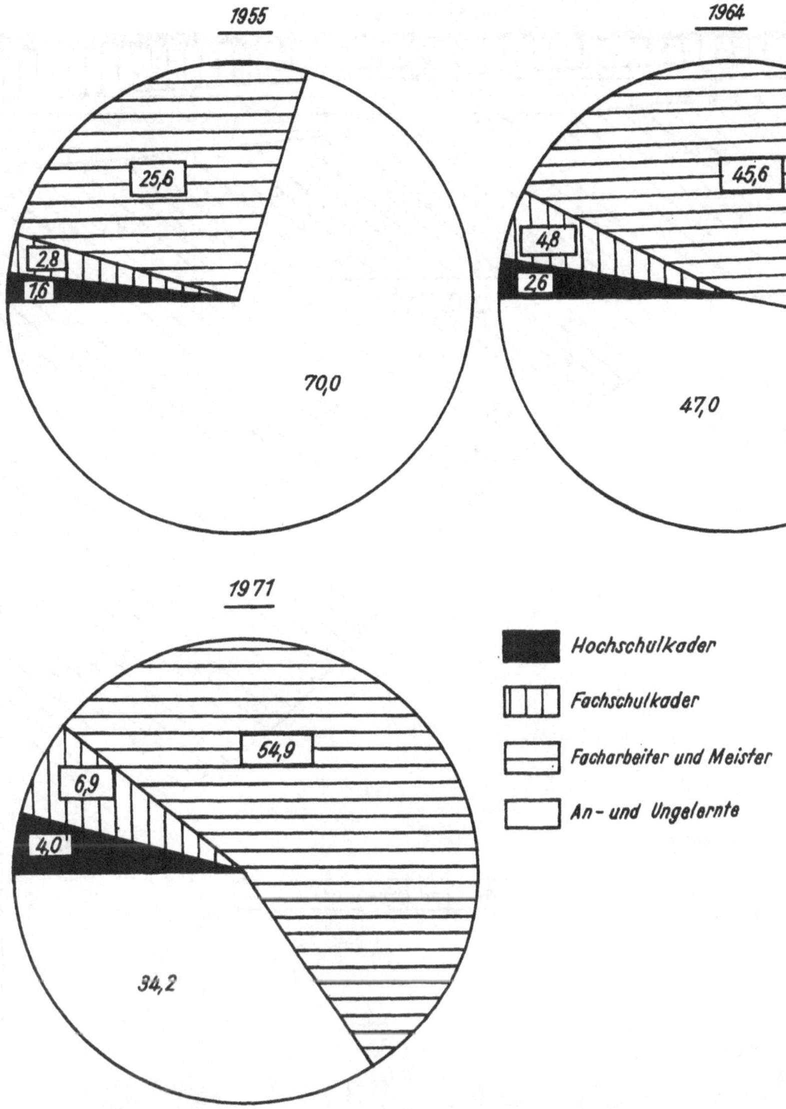

Abbildung 4: Qualifikationsstruktur der Beschäftigten in der sozialistischen Volkswirtschaft (in Prozent)

Quellen: Statistisches Jahrbuch der DDR 1974, Berlin 1974, S. 429; Autorenkollektiv, Zur Reproduktion des Qualifikationsniveaus der Werktätigen und der Bildungsfonds, Berlin 1973, S. 26 (Forschungsberichte des Zentralinstituts für Wirtschaftswissenschaften der Akademie der Wissenschaften der DDR, Nr. 5).

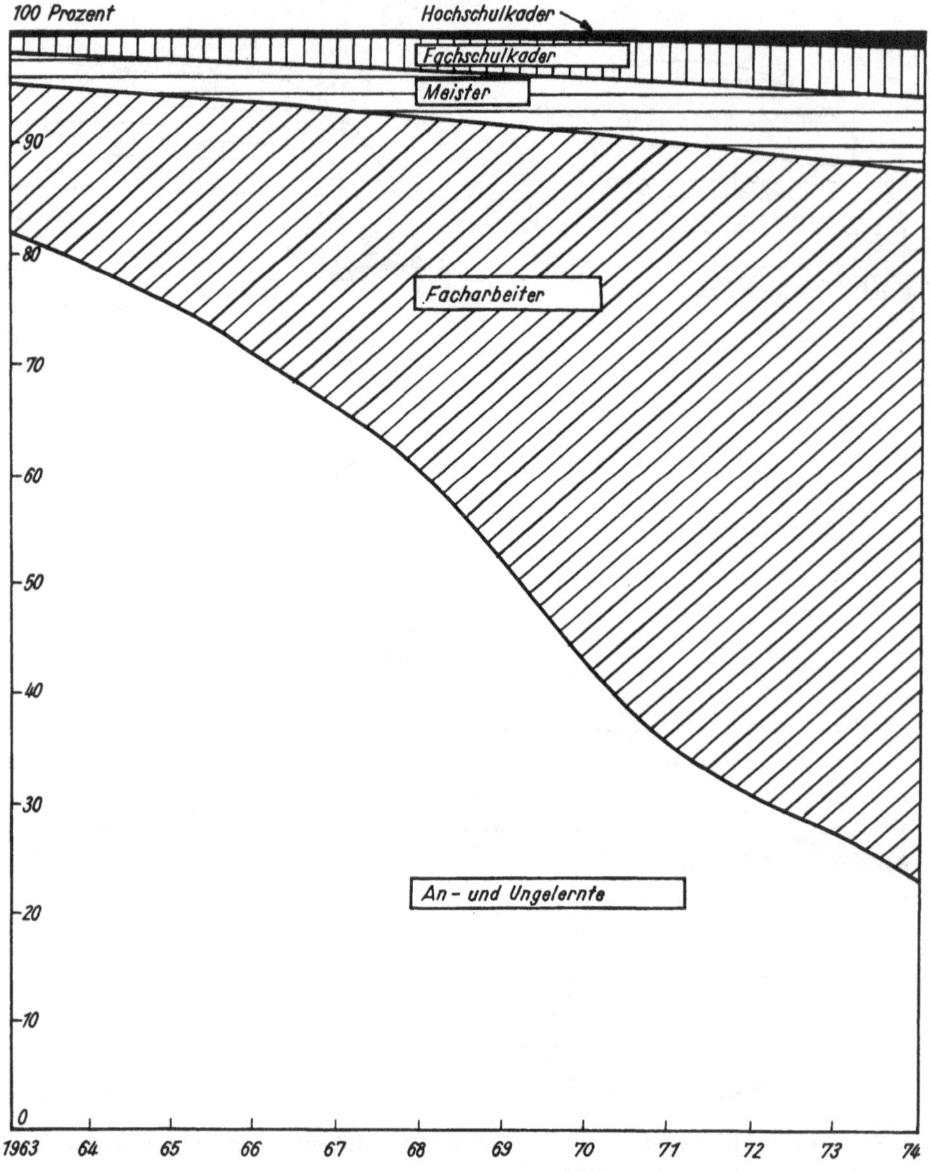

Abbildung 5: Ausbildungsstand der ständig Berufstätigen in der sozialistischen Landwirtschaft+

+ Ohne Veterinärwesen, Pflanzenschutz und agrochemische Zentren.

Quelle: Statistisches Jahrbuch der DDR 1975, Berlin 1975, S. 185.

3.5. Die zunehmende Qualifikation und Hebung des allgemeinen Bildungsniveaus der Werktätigen sowie Verringerung der Unterschiede im Bildungs- und Qualifikationsniveau

Bedeutende Veränderungen im Charakter der sozialistischen Arbeit gehen von der beständigen Erhöhung des Bildungsniveaus der Werktätigen aus. Diesen dynamischen Prozeß machen die Abbildungen 4 und 5 sichtbar.

Das Tempo der Veränderungen in der Qualifikationsstruktur der Werktätigen ist in der entwickelten sozialistischen Gesellschaft hoch. Das Verhältnis zwischen qualifizierten und nicht- beziehungsweise niedrig qualifizierten Arbeiten in der Volkswirtschaft in der DDR betrug 1962 zum Beispiel noch 40,3 zu 59,7 Prozent. Bis 1971 kehrte es sich auf 58,1 zu 41,9 Prozent um.[75]

Die durchschnittliche jährliche Zunahme der Berufstätigen nach Qualifikationsstufen betrug 1962 bis 1971 bei Hochschulkadern 7,6 Prozent, bei Fachschulkadern 6,7 Prozent, bei Meistern 5,4 Prozent und bei Facharbeitern 4,0 Prozent. Dagegen verringerte sich die Zahl der un- und angelernten Beschäftigten jährlich um 3,6 Prozent.[76]

Die Tendenz der allgemeinen Erhöhung des Bildungsniveaus und des Rückgangs nicht- beziehungsweise niedrig qualifizierter Arbeiten ist begleitet von entsprechenden Angleichungsprozessen zwischen den verschiedenen Volkswirtschaftszweigen. So ist, wie die Tabelle 24 im Anhang ausweist, das Tempo der Veränderungen in den Bereichen mit einem niedrigen Ausgangsniveau überdurchschnittlich. Der Prozeß der Höherqualifizierung in der Landwirtschaft vollzieht sich zum Beispiel bedeutend schneller als in der Industrie. Der Anteil der an- und ungelernten Beschäftigten betrug 1962 in der Land- und Forstwirtschaft noch 80,1 Prozent. Bis 1971 ist er auf 35,0 Prozent gesunken und damit niedriger als in der Industrie, wo er 1971 noch bei 43,7 Prozent lag. Noch niedriger ist mit 28,6 Prozent der Anteil der an- und ungelernten Beschäftigten in der Bauwirtschaft.[76] Bei diesem Annäherungsprozeß durch Heranführung relativ zurückgebliebener Bereiche beziehungsweise Zweige der gesellschaftlichen Produktion an das Niveau führender Zweige der sich selbst weiter entwickelnden Industrie ist jedoch nicht zu übersehen, daß die zum Teil noch bestehende große Differenziertheit im Qualifikationsniveau vor allem Ausdruck des noch unterschiedlichen Standes des technischen Niveaus der Arbeit aber auch der Arbeitsteilung ist.

Für die Einschätzung der künftigen Entwicklung ist die Tatsache relevant, daß 1975 der Anteil der Schulabgänger mit Abschluß der 10. Klasse an sämtlichen Schulabgängern 78,5 Prozent betrug und daß im gleichen Jahr der Anteil der Schüler, die in die 9. Klasse übergingen, an der Gesamtzahl der Schüler in der 8. Klasse schon 91,6 Prozent erreichte.[77] Bis 1990 wird sich der Anteil der an- und ungelernten Beschäftigten auf ein minimales Maß reduzieren. Das folgt sowohl aus der wissenschaftlich-technischen und gesellschaftlich-organisatorischen Entwicklung der Produktion als auch aus der Entwicklung des allgemeinen Bildungsniveaus der Werktätigen.

Die Prozesse der Höherentwicklung des Bildungsniveaus resultieren sowohl aus den unmittelbaren Erfordernissen der Produktivkraftentwicklung als zugleich auch aus den Erfordernissen der Persönlichkeitsentwicklung entsprechend der durch die sozialistischen Produktionsverhältnisse determinierten Zielstellung der Produktion. Schließlich heißt entwickelter Sozialismus auch, "alle Bedingungen zu schaffen, damit sich die gesellschaftlichen Beziehungen und die körperlichen und geistigen Fähigkeiten der Menschen voll entfalten können", wie im Programm der SED gesagt wird.[78]

Mit wachsender Fondsausstattung der Arbeit und ihrem steigenden technischen Niveau nimmt der Anteil hochqualifizierter Kader zu, wie der Vergleich des Niveaus der Grundfondsausstattung je Berufstätigen mit dem Anteil der Hoch- und Fachschulkader in den Tabellen 25 und 26 im Anhang zeigt.

Zwischen den Aufwendungen zur Erhöhung des Bildungsniveaus und der Zunahme der Grundfonds besteht die Tendenz, daß sich das Bildungsniveau in schnellerem Tempo erhöht (vgl. Tabelle 8).

Tabelle 8

Vergleich zwischen der Erhöhung des Bildungsniveaus und der Zunahme der Grundfonds (in Milliarden Mark)

Jahr	Ausgaben des Staatshaushalts für Bildungswesen	Grundmittelbestand in produzierenden Bereichen insgesamt
1955	2,39	136,9
1960	3,61	161,9
1965	4,35	217,5
1970	5,81	276,0
1975+	8,29	366,6
Veränderung 1975:		
1955 in Prozent	346,9	267,8
im Jahresdurchschnitt in Prozent	6,4	5,1

+ Vorläufige Angaben

Quelle: Berechnet nach dem Statistischen Jahrbuch 1976 der DDR, Berlin 1976, S. 44 und S. 288.

Die weitere Vertiefung des gesellschaftlichen Charakters der Arbeit und Überwindung der alten Arbeitsteilung hängen nun wesentlich davon ab, daß die Veränderungen, die von der technologischen Entwicklung ausgehen und die Erhöhung des Bildungsniveaus sich einander weitgehend entsprechen und entgegenwirkende Tendenzen vermieden werden. Die Tendenzen dieser beiden Richtungen sind eine Seite des Widerspruchs zwischen der sozialökonomischen und technologischen Komponente des Charakters der Arbeit. Das ist der Widerspruch zwischen der ungeteilten Herrschaft sozialistischer Produktionsverhältnisse, dem durch die sozialistischen Eigentumsverhältnisse bestimmten gleichen Zugang und Verhältnis der Werktätigen zu den gesellschaftlichen Produktionsmitteln einerseits und den in der Arbeitsteilung reflektierenden technischen und technologischen Grundlagen andererseits. So sind gegenwärtig die technologischen Beziehungen dadurch charakterisiert, daß der Arbeiter noch ständig damit beschäftigt ist, Maschinen zu bedienen. Er ist noch unmittelbar an sie gebunden, es herrschen noch Teiloperationen vor. Dieser Widerspruch wird als Triebkraft genutzt. Er besitzt seine Bewegungsform vor allem in der sozialistischen Intensivierung und der wissenschaftlichen Arbeitsorganisation, worin und womit er sich beständig löst.

Das allmähliche Verschwinden der unqualifizierten beziehungsweise niedrig qualifizierten Arbeit und die Angleichung der Qualifikationsstrukturen zwischen den Volkswirtschaftszweigen sowie das Wachstum des allgemeinen Bildungsniveaus der Werktätigen widerspiegeln die Veränderungen, die sich im realen Vergesellschaftungsprozeß der Produktion und der Arbeit vollziehen und die ihrerseits fördernd auf diesen Prozeß rückwirken. Mit der technologischen Angleichung und Herausbildung gleichartiger Organisationsformen in den verschiedenen Volkswirtschaftszweigen bei der Entwicklung der materiell-technischen Basis der entwickelten sozialistischen Gesellschaft gleichen sich die überkommenen Unterschiede in der Arbeit allmählich bis zu einem bestimmten Grade aus. Das ist zugleich die Voraussetzung für die allmähliche Abschwächung und Ausgleichung der noch vorhandenen wesentlichen sozialökonomischen Unterschiede zwischen geistiger und körperlicher Arbeit sowie zwischen Stadt und Land.

3.6. Die Erhöhung des geistig-schöpferischen Anteils in der Arbeit bei zunehmender Vereinigung von Arbeitsausführung und gesellschaftlicher Leitung sowie zunehmender Kollektivität der Arbeit

Friedrich Engels nannte als eines der entscheidenden Kriterien für die Überwindung der alten Arbeitsteilung, daß jedem einzelnen die Gelegenheit gegeben wird, "seine sämtlichen Fähigkeiten ... nach allen Richtungen hin auszubilden und zu betätigen".[79]

Auf der Grundlage der Höherentwicklung der sozialistischen Eigentumsverhältnisse und der Steigerung der Produktivkraft der Arbeit werden die Bedingungen reichhaltiger, die eine immer größere Vielseitigkeit der Tätigkeit der Werktätigen hervorbringen und erfordern. Damit verringern sich allmählich die Unterschiede zwischen körperlicher und geistiger Arbeit. Als Unterschied zwischen körperlicher und geistiger Arbeit werden vor allem jene noch objektiv vorhandenen Bedingungen verstanden, die in einer noch bestehenden relativen "Verselbständigung" und beruflichen Bindung in der Tätigkeit der Werktätigen bestehen. So einerseits in der Form der Arbeit im unmittelbaren Produktionsprozeß bei der Bedienung und Überwachung der Maschinen und andererseits in solchen Arbeiten wie die der Leitung und Planung der Produktion, ihrer Vorbereitung und Organisation, der Wissenschaft, Forschung und Entwicklung und ähnlichem. Mit der Ausprägung des sozialistischen Charakters der Arbeit, hervorgebracht und gefördert durch solche objektiven Entwicklungstendenzen, wie sie dargelegt wurden, erhält im Zusammenhang mit der vollen Entfaltung der körperlichen und geistigen Fähigkeiten aller Werktätigen der geistig-schöpferische Anteil in der individuellen und gesellschaftlichen Gesamtarbeit ein zunehmendes Gewicht. Es bildet sich die Tendenz der Vereinigung von körperlicher und geistiger Arbeit in der Tätigkeit der Werktätigen auf einer neuen Stufe heraus. Diese Vereinigung wird immer mehr zu einer wichtigen Bedingung für die Entwicklung der Produktivkräfte und Produktionsverhältnisse.

In dem Maße, wie sich die gesellschaftliche Aktivität, die unmittelbare Teilnahme der Werktätigen an der Leitung und Planung des Reproduktionsprozesses erhöht, wird die unmittelbare Arbeitstätigkeit am Arbeitsplatz zunehmend mit Elementen angereichert, die zur gesellschaftlichen Leitungsfunktion gehören und die beitragen, den Gegensatz zwischen Arbeitsausführung und Leitung der Arbeit abzubauen. Die weitere Aktivierung dieser Seite des sozialistischen Charakters der Arbeit vollzieht sich auf der Grundlage einer zunehmenden Kollektivität der Arbeit.

Die sich ausprägende Kollektivität ist ein Wesensmerkmal der entwickelten sozialistischen Gesellschaft. Das erfordert, wie im Programm der SED gesagt wird, "die Produktionsverhältnisse als Beziehungen kameradschaftlicher Zusammenarbeit und gegenseitiger Hilfe zwischen den Werktätigen und zwischen den Arbeitskollektiven weiterzuentwickeln und zu vervollkommnen, die Kollektivität in den gesellschaftlichen Beziehungen zu verstärken"[80].

Mit den quantitativ und qualitativ wachsenden Kollektivbeziehungen vollzieht sich eine zunehmende Übereinstimmung der individuellen und gesellschaftlichen Interessen, als eine wichtige Triebkraft der gesellschaftlichen Höherentwicklung. Es sind zugleich Erscheinungsformen zunehmender Planmäßigkeit im sozialistischen Charakter der Arbeit, des wachsenden Reifegrades des sozialistischen Eigentums, der Vertiefung des unmittelbaren Zusammenhangs zwischen der verausgabten Arbeit und der gesellschaftlichen Gesamtarbeit, also letztlich des höheren Reifegrades der sozialistischen Produktionsverhältnisse insgesamt. Diese Tendenzen vollziehen sich in allen Bereichen der Volkswirtschaft, wenn auch noch in unterschiedlichem Tempo.

Karl Marx verwies darauf, daß "der Mensch selbst die Basis seiner materiellen Produktion ist ... Alle Umstände also, die den Menschen affizieren, das Subjekt der Produktion, modifizieren plus ou moins alle seine Funktionen und Tätigkeiten, also auch seine Funktionen und Tätigkeiten als Schöpfer des materiellen Reichtums, der Waren".[81]

Konkrete Formen, mit denen sich die Kollektivbeziehungen und die gesellschaftliche Aktivität der Werktätigen realisieren, Arbeitsausführung und Arbeitsleitung sich zunehmend verbinden, Unterschiede in der Arbeit sich allmählich verringern, die führende Rolle, das Verantwortungsbewußtsein und die Bildung der Arbeiterklasse wachsen, sind der sozialistische Wettbewerb, in seiner vielfältigen Gestalt, die Neuererbewegung, die Arbeits- und Forschungsgemeinschaften und dergleichen.

"Heute ist der sozialistische Wettbewerb in der Tat das wichtigste Betätigungsfeld, auf dem die Werktätigen in freiwilliger Initiative und mit hohem Bewußtsein das gesellschaftliche sozialistische Leben gestalten. Der Wettbewerb ist Mitregieren in der wichtigsten Sphäre: der der materiellen Produktion. Er fordert und fördert sozialistische Denk- und Verhaltensweisen."[82] Der sozialistische Wettbewerb, der eine bedeutende Rolle bei der Intensivierung des gesellschaftlichen Reproduktionsprozesses spielt, erstreckt sich immer mehr über die unmittelbaren Produktionsaufgaben hinaus, denn unter der Losung "Sozialistisch arbeiten, sozialistisch lernen, sozialistisch leben" vollziehen sich in diesem Prozeß die entscheidenden sozialökonomischen Veränderungen, die für die entwickelte sozialistische Gesellschaft charakteristisch sind. Mit der Entwicklung des sozialistischen Wettbewerbs wird das Prinzip des demokratischen Zentralismus vervollkommnet. Ende 1975 standen über 228 000 Produktionskollektive mit über vier Millionen Mitgliedern im Wettbewerb um den Titel "Kollektiv der sozialistischen Arbeit". Im Verlauf von 10 Jahren hat sich die Anzahl der teilnehmenden Werktätigen auf über 294 Prozent erhöht. Mehr als 29 Prozent der gesamten Berufstätigen hatten 1975 Neuererleistungen mit einem Nutzen von etwa 3, 5 Milliarden Mark erbracht gegenüber etwa 13 Prozent mit etwa 1, 2 Milliarden Mark im Jahre 1965.[83] Die Ausdehnung der Neuererbewegung ist ebenso wie der sozialistische Wettbewerb ein lebendiger Ausdruck für das gewachsene Verantwortungsbewußtsein der Arbeiterklasse, ihrer höheren Bildung und ihrer vielseitigen geistigen Interessen.

In den Arbeits- und Forschungsgemeinschaften entwickeln sich Arbeiter- und Forscherpersönlichkeiten im Zuge der enger werdenden Verflechtung von Wissenschaft und Produktion sowie aller gesellschaftlichen Bereiche. Die Zahl der Arbeits- und Forschungsgemeinschaften in der Volkswirtschaft erhöhte sich von 28 893 im Jahre 1965 auf 43 836 im Jahre 1975, und die Anzahl der teilnehmenden Mitglieder verdoppelte sich nahezu in diesem Zeitraum auf etwa 358 500. Hierin sind Elemente jener Entwicklung enthalten, die auf die schrittweise Aufhebung des Unterschiedes von körperlicher und geistiger Arbeit gerichtet sind. Damit wird die Voraussage von Marx bestätigt, "daß nur die Arbeiterklasse ... die Wissenschaft aus einem Werkzeug der Klassenherrschaft in eine Kraft des Volkes verwandeln", daß die "Wissenschaft ... nur in der Republik der Arbeit ihre wahre Rolle spielen" kann.[84]

Diese Entwicklungen befinden sich jedoch erst in einer Anfangsetappe. So ist zum Beispiel erst der geringere Teil der Produktionsarbeiter aktiv in die Neuererbewegung und in Forschungsgemeinschaften einbezogen. Die immer breitere schöpferische Mitarbeit der Werktätigen an der Leitung und Planung der Produktion, ihre immer bewußtere Einflußnahme auf den gesellschaftlichen Fortschritt sind ein bedeutender Hebel bei der Herausbildung des kommunistischen Charakters der Arbeit.

Lenin sah in den kommunistischen Subbotniks Keimformen des Kommunismus: "Der Kommunismus beginnt dort, wo einfache Arbeiter in selbstloser Weise, harte Arbeit bewältigend, sich Sorgen machen um die Erhöhung der Arbeitsproduktivität, um den Schutz eines jeden Puds Getreide, Kohle, Eisen und anderer Produkte, die nicht den Arbeitenden persönlich und nicht den ihnen 'Nahestehenden' zugute kommen, sondern 'Fernstehenden', d.h. der ganzen Gesellschaft in ihrer Gesamtheit ..."[85] Mit der Entfaltung des sozialistischen Charakters der Arbeit erhalten diese Keimformen des Kommunismus wachsendes Gewicht.

3.7. Die strukturellen Veränderungen in der gesellschaftlichen Gesamtarbeit, vor allem infolge zunehmender Bedeutung der Arbeit in den nichtmateriellen Bereichen

Der Prozeß der Vertiefung des gesellschaftlichen Charakters der Arbeit und der Abschwächung der wesentlichen Unterschiede in der Arbeit ist begleitet von Veränderungen in der Verteilung des gesellschaftlichen Arbeitsvermögens. Das betrifft neben der Zunahme des spezifischen Gewichts der Arbeit in den produktionsvorbereitenden, in den vor- und nachgelagerten Bereichen des unmittelbaren Arbeitsprozesses vor allem auch die Umverteilung der gesellschaftlichen Arbeit aus der materiellen Sphäre in die Sphäre der nichtproduzierenden Bereiche.

Bei einem Zuwachs der Berufstätigen in der Volkswirtschaft der DDR insgesamt im Zeitraum von 1960 bis 1975 auf 103,4 Prozent veränderte sich die Anzahl der Berufstätigen in den produzierenden Bereichen auf 99,1 Prozent und in den nichtproduzierenden Bereichen auf 127,1 Prozent. Der Anteil der Berufstätigen in den nichtproduzierenden Bereichen an den Berufstätigen insgesamt erhöhte sich dadurch von 15,5 Prozent auf 19,0 Prozent.[86] Diese Veränderungen im Einsatz des gesellschaftlichen Arbeitsvermögens sind Resultat und Bedingung steigender Produktivität der gesellschaftlichen Arbeit. Damit bringt die Entwicklung der Verhältnisse der Verteilung der gesellschaftlichen Gesamtarbeit zwischen diesen beiden Sphären global die volkswirtschaftliche Effektivität und die Erfordernisse des Gesetzes der Ökonomie der Zeit zum Ausdruck. "Je weniger Zeit die Gesellschaft bedarf, um Weizen, Vieh etc. zu produzieren, desto mehr Zeit gewinnt sie zu andrer Produktion, materieller oder geistiger."[87] Vergleicht man die Entwicklung des Nationaleinkommens je Berufstätigen in den produzierenden Bereichen mit der Entwicklung der Berufstätigen in den nichtproduzierenden Bereichen, zeigt sich nach dem VIII. Parteitag der SED mit der Durchführung der Hauptaufgabe eine immer enger werdende Wechselbeziehung zwischen diesen Größen (vgl. Tabelle 9).

Tabelle 9

Zusammenhang zwischen der volkswirtschaftlichen Produktivität und der Veränderung der Anzahl der Berufstätigen im nichtproduzierenden Bereich (durchschnittlicher jährlicher Zuwachs in Prozent)

Jahre	Produktivität auf der Basis Nationaleinkommen	Berufstätige im nichtproduzierenden Bereich	Koeffizient, Produktivität = 1
1960 - 1965	3,5	1,2	1 : 0,34
1966 - 1970	5,1	1,4	1 : 0,27
1971 - 1974	4,9	2,1	1 : 0,43

Quelle: Berechnet nach dem Statistischen Jahrbuch 1976 der DDR, Berlin 1976, S. 13 und S. 53.

In der UdSSR betrug die Relation im Zeitraum 1961 bis 1973 durchschnittlich 0,80.[88]

Die Quellen der Zunahme der gesellschaftlichen Arbeit im nichtproduzierenden Bereich entstanden zu etwa ein Drittel aus dem Rückgang von gesellschaftlicher Gesamtarbeit im produzierenden Bereich (vor allem der Land- und Forstwirtschaft und dem Handel) und zu etwa zwei Drittel aus dem Zuwachs der gesellschaftlichen Gesamtarbeit.[89] Einen Überblick über diese Veränderungen gibt die Tabelle 27 im Anhang. Mit der Intensivierung der materiellen Produktion unter anderem durch ein schnelleres Wachstum der Arbeitsproduktivität gegenüber der Warenproduktion können möglicherweise weitere Quellen erschlossen werden. Wie der bisherige Verlauf der Entwicklung nach Bereichen und Zweigen zeigt, hängt das weitere Wachstum der gesellschaftlichen Arbeit in den nichtproduzierenden Bereichen in bedeutendem Maße von der Entwicklung in der Industrie und dabei besonders von der metallverarbeitenden Industrie ab.

Die Zunahme der gesellschaftlichen Arbeit in den nichtmateriellen Bereichen hat Rückwirkungen auf die allmähliche Beseitigung der sozialökonomischen Unterschiede im Charakter der Arbeit und für die allseitige Entwicklung sozialistischer Persönlichkeiten. Die Abnahme der gesellschaftlichen Arbeit in den produzierenden Bereichen ist zugleich Ausdruck für die Veränderungen in den Arbeitsbedingungen infolge Zunahme des wissenschaftlich-technischen Niveaus der gesellschaftlichen Arbeit und des wachsenden Qualifikationsgrades der Werktätigen. Die ansteigende Bedeutung der gesellschaftlichen Distributionsfonds wird unter anderem am wachsenden Bildungsniveau aller Werktätigen deutlich. Das fortschreitende schnelle Wachstum der gemeinschaftlichen Befriedigung dieser Bedürfnisse beschleunigt zusammen mit der konsequenten Verwirklichung des Leistungsprinzips sowohl den Prozeß der Verringerung der unqualifizierten und weniger qualifizierten Arbeit als auch mit der Erhöhung und Annäherung des allgemeinen Bildungs- und Qualifikationsniveaus der Werktätigen den Prozeß der allmählichen Verringerung der wesentlichen Unterschiede zwischen körperlicher und geistiger Arbeit. Somit fördern und unterstützen die Leistungen aus den gesellschaftlichen Fonds jenes Grundelement sozialistischen Lebens, das "vom höheren Niveau der Bildung, der für menschliches Schöpfertum unentbehrlichen Voraussetzungen an Kenntnis und Erkenntnis"[90] bestimmt wird.

4. Die weitere Entwicklung der Distributions- und Konsumtionsverhältnisse

Karl Marx folgerte aus der wissenschaftlichen Analyse der kapitalistischen Produktionsweise, "daß die dieser spezifischen, historisch bestimmten Produktionsweise entsprechenden Produktionsverhältnisse - Verhältnisse, welche die Menschen in ihrem gesellschaftlichen Lebensprozeß, in der Erzeugung ihres gesellschaftlichen Lebens eingehn - einen spezifischen historischen und vorübergehenden Charakter haben; und daß endlich die Verteilungsverhältnisse wesentlich identisch mit diesen Produktionsverhältnissen, eine Kehrseite derselben sind, so daß beide denselben historisch vorübergehenden Charakter teilen"[91].

Die Distributionsverhältnisse als wesentliche Seiten der Produktionsverhältnisse zu verstehen, ist unter zwei Gesichtspunkten wichtig. Erstens lenkt dieser Aspekt die Aufmerksamkeit auf den historischen, das heißt veränderlichen Charakter der Gesamtheit der Produktionsverhältnisse, auch innerhalb einer Gesellschaftsformation. Mit der weiteren Gestaltung der entwickelten sozialistischen Gesellschaft entfalten sich immer mehr die Wechselbeziehungen zwischen Produktivkräften und Produktionsverhältnissen und in der Folge die Wechselbeziehungen zwischen allen Bereichen des gesellschaftlichen Lebens. Damit unterliegen die Verteilungsverhältnisse einer analogen Dynamik.

Zweitens weist dieser Aspekt darauf hin, daß sich die Verteilungsverhältnisse in einem bestimmten Zusammenhang mit den ökonomischen Verhältnissen entwickeln, die bei der Erzeugung der materiellen Lebensbedingungen eingegangen werden. Für die Analyse und Prognose der Verteilungsverhältnisse bedeutet das, daß sie gegenüber den sozialökonomischen Verhältnissen in der Produktion als sekundär beziehungsweise abgeleitet aufgefaßt, folglich ihre Entwicklungskriterien aus den Veränderungen der gesellschaftlichen Beziehungen in der Produktion selbst abgeleitet werden müssen.

Die Verteilung des Produkts erfolgt in zwei vom ökonomischen Grundgesetz bestimmten Richtungen.

Der Teil des Nationaleinkommens, der für Akkumulationszwecke verwendet werden soll, ist auf die Sicherung einer bedarfsgerechten Struktur der Produktion in zukünftigen Reproduktionsperioden gerichtet, auf die Schaffung der notwendigen Voraussetzungen für die Überführung wissenschaftlich-technischer Erkenntnisse in die Produktion, Durchsetzung der Intensivierung und Erhöhung der Effektivität. Dadurch werden gleichzeitig die erforderlichen materiellen Bedingungen geschaffen, um langfristig die Arbeits- und Lebensbedingungen der Bevölkerung zu erhöhen und insgesamt das System der sozialen Beziehungen weiterzuentwickeln.

Der Teil des Nationaleinkommens, der über die gesellschaftlichen und individuellen Konsumtionsfonds an die Bevölkerung verteilt wird, ist vor allem auf die unmittelbare Verbesserung der Arbeits- und Lebensbedingungen und die Entwicklung der sozialökonomischen und sozialen Beziehungen in der gegebenen Reproduktionsperiode gerichtet.

Bei der weiteren Behandlung der Verteilungsverhältnisse in der vorliegenden Arbeit wird auf jene Richtung, die mit der Verteilung der Akkumulationsfonds (das heißt der Produktionsbedingungen) verbunden ist, hier nicht näher eingegangen. Im Vordergrund stehen deshalb die materiellen Verteilungsbeziehungen hinsichtlich der Produktionsergebnisse für die individuelle und gesellschaftliche Konsumtion, die ein Bindeglied zur unmittelbaren Entwicklung der sozialen Beziehungen bilden. Diese Beziehungen und Verhältnisse sind gemeint, wenn nachstehend von der Verteilung gesprochen wird.

Die Verteilung "der Produktionsinstrumente ... und ... der Mitglieder der Gesellschaft unter die verschiedenen Arten der Produktion ... ist innerhalb des Produktionsprozesses selbst einbegriffen"[92] und vor allem in diesem Zusammenhang zu betrachten. In gleicher Weise faßte Lenin die Verteilung der Produktionsbedingungen, die Verteilung der vergegenständlichten und lebendigen Arbeit als die ökonomischen Formen des Eigentums und die Unterordnung der Individuen unter bestimmte Produktionsverhältnisse auf, wenn er schrieb: "Wenn wir hingegen die 'Produktion' konsequent als gesellschaftliche Beziehung in der Produktion betrachten, so werden sowohl die 'Verteilung' als auch die 'Konsumtion' jede selbständige Bedeutung verlieren. Sind die Produktionsverhältnisse einmal geklärt, so sind damit sowohl der den einzelnen Klassen zufallende Anteil am Produkt als folglich auch die 'Verteilung' und 'Konsumtion' geklärt."[93]

So verstanden, kann die Verteilung der Produktionsbedingungen nicht als den Verteilungsverhältnissen zugehörig angesehen werden. Die Verteilung der Produktionsbedingungen ist in die Produktion selbst eingeschlossen. Für die Verteilungsverhältnisse ist sie die entscheidende sozialökonomische Voraussetzung, sie bestimmt auch die innere Struktur der Verteilungsverhältnisse.

Das Wesen der Verteilungsbeziehungen im Sozialismus wird durch die Dialektik der beiden Phasen der kommunistischen Gesellschaft bestimmt. In der ersten Phase der kommunistischen Gesellschaftsordnung reproduzieren die sozialistischen Produktionsverhältnisse in gewisser Hinsicht die faktische Ungleichheit in der Konsumtion, obgleich sie insgesamt und mit der weiteren Gestaltung der entwickelten sozialistischen Gesellschaft um so mehr auf ihre allmähliche Überwindung gerichtet sind.

Die Gestaltung der Distributionsverhältnisse im entwickelten Sozialismus wird von der Durchsetzung der einheitlichen Wirtschafts- und sozialpolitischen Grundlinie der SED bestimmt, die in der Hauptaufgabe ausgedrückt ist. Solche Prozesse wie die Steigerung der Effektivität der Produktion und Intensivierung der Reproduktion sind unmittelbar mit der Verbesserung der Arbeits- und Lebensbedingungen der Werktätigen verknüpft. Sie sind verbunden mit der Annäherung der Klassen und Schichten, der Verringerung der wesentlichen sozialökonomischen Unterschiede zwischen geistiger und körperlicher Arbeit sowie zwischen Stadt und Land.[94] Auch in Zukunft besteht die Leitlinie der Verteilungspolitik darin, "die Verwirklichung des Leistungsprinzips mit der Minderung sozialer Unterschiede"[95] zu verbinden.

So widerspiegelt die Entwicklung der Distributionsverhältnisse auf der Grundlage der weiteren Vergesellschaftung von Produktion und Arbeit und des kontinuierlichen Wachstums des Volkswohlstandes mit seiner Annäherung im realen Einkommensniveau zwischen den verschiedenen Bereichen der Volkswirtschaft und auch zwischen den sozialen Gruppen die Veränderungen, die sich in den Produktionsbedingungen und damit im Charakter der Arbeit vollziehen, denn die "jedesmalige Verteilung der Konsumtionsmittel ist nur Folge der Verteilung der Produktionsbedingungen selbst"[96].

In den Beziehungen, die zwischen Staat und Werktätigen beziehungsweise Betrieb in Hinsicht auf das Produkt bestehen, stellt die Relation von Akkumulation zu Konsumtion eine grundlegende Verteilungsproportion dar. Sie bestimmt bei der Verwendung des Nationaleinkommens sowohl das Volumen der Konsumtionsfonds und damit Niveau und Entwicklungstempo der Arbeits- und Lebensbedingungen der Werktätigen als auch das Wachstumstempo in der Volkswirtschaft, die Kontinuität und Effektivität des Wachstums.

Der Kern des Zusammenhangs zwischen den Akkumulations- und Konsumtionsbeziehungen besteht darin, daß die optimale Verteilung der Produktionsbedingungen Voraussetzung für optimale Konsumtionsbedingungen ist. Dabei spielen nicht nur der absolute Umfang beziehungsweise die Relation von Akkumulations- und Konsumtionsfonds eine Rolle, sondern vor allem die innere Struktur dieser Fonds. In der Zeit von 1960 bis 1975 gab es, mit Schwankungen, einen Rückgang des Anteils der Konsumtionsfonds. Das Verhältnis Akkumulation zu Konsumtion betrug: 1960 = 18,1 : 81,9 Prozent; 1965 = 19,9 : 80,1 Prozent; 1970 = 24,0 : 76,0 Prozent; 1975 = 21,9 : 78,1 Prozent.[97] In der gleichen Zeit hat es ein stetiges Wachstum der Einkommen gegeben, aber eine Verschiebung der Anteile von gesellschaftlicher und individueller Konsumtion am gesamten Konsumtionsfonds. Auch die Struktur der Investitionen veränderte sich in diesem Zeitraum.

Die sozialistischen Verteilungsverhältnisse reifen nicht nur mit der Entwicklung ihrer materiellen Basis, sondern auch mit der Entwicklung des Sozialismus als gesellschaftliches System, das heißt mit der allgemeinen Höherentwicklung der Produktivkräfte, Produktionsverhältnisse und des gesellschaftlichen Bewußtseins. Das reflektiert sich besonders deutlich in der Entwicklung der Einkommen, der Veränderung der Einkommensstruktur und den Tendenzen bei den einzelnen Eigentumsformen unter den Bedingungen der wachsenden Reife auch der übrigen Elemente der sozialistischen Produktionsverhältnisse in der DDR. Sie bringen die sozialistischen Verteilungsverhältnisse zum Ausdruck, wie die Beziehungen zwischen Betrieb (Kollektiv) und den Werktätigen (Individuum), der Betriebe und sozialen Gruppen zueinander sowie zwischen Betrieb und Staat in bezug auf die materielle Regelung des Verbrauchs der Produktionsergebnisse.

Aus der Analyse der Entwicklung der Distributions- und Konsumtionsverhältnisse in den letzten 15 bis 20 Jahren in der DDR sollen folgende grundlegende Tendenzen hervorgehoben werden:

1. die stetige Steigerung des Realeinkommens der Bevölkerung,
2. das stetige Wachstum der Arbeitseinkommen der Werktätigen, wobei die unteren Einkommen schneller steigen als die durchschnittlichen Arbeitseinkommen,
3. das raschere Wachstum der Einkommen aus gesellschaftlichen Konsumtionsfonds gegenüber den individuellen Konsumtionsfonds,
4. die allmähliche Annäherung der Löhne und Gehälter in den Zweigen und Bereichen der Volkswirtschaft.

In diesen Entwicklungstendenzen kommen Gesetzmäßigkeiten der ständigen Vervollkommnung der Verteilung nach der Arbeitsleistung und der schrittweisen Schaffung gleicher Bedingungen für alle Gesellschaftsmitglieder bei der Verringerung der sozialökonomischen Ursachen für die noch vorhandenen wesentlichen Unterschiede in der Arbeit zum Ausdruck.

4.1. Die stetige Steigerung des Realeinkommens der Bevölkerung

Die Entwicklung der Realeinkommen ist die globalste Kennziffer für die Verbesserung der Arbeits- und Lebensbedingungen der Bevölkerung. Das Realeinkommen der Arbeiter- und Angestelltenhaushalte stieg von 1960 = 100 auf 195 im Jahre 1975. Die Richtung der Entwicklung der wichtigsten

Verteilungsproportionen wird dadurch angezeigt, daß sich im gleichen Zeitraum die Einnahmen aus gesellschaftlichen Fonds von 100 auf 258 erhöhten.[98] Die Kontinuität des Realeinkommenszuwachses ist eine wichtige Bedingung für die soziale Sicherheit des Lebens, aber nicht die alleinige. Ebenso wichtige Bedingungen bilden die allgemeine sozialpolitische Orientierung in der DDR, insbesondere die Politik der Preisstabilität. Ihre Realisierung spiegelt sich in der Struktur der gesellschaftlichen Fonds und in der Lohnpolitik wider.

4.2. Das stetige Wachstum der Arbeitseinkommen

In einem Zeitraum von 20 Jahren hat sich das durchschnittliche monatliche Arbeitseinkommen verdoppelt. Das entspricht einer jahresdurchschnittlichen Wachstumsrate von etwa 4 Prozent. 1955 betrug das monatliche durchschnittliche Arbeitseinkommen je vollbeschäftigten Arbeiter und Angestellten in volkseigenen Betrieben 439 Mark, 1975 waren es 897 Mark, das heißt, diese Einkommensart stieg von 100 auf 204,3 Prozent.[99]

Dieses Wachstum war zugleich mit einer systematischen Anhebung der unteren Einkommen verbunden.

Während 1957 noch etwa 55 Prozent der vollbeschäftigten Arbeiter und Angestellten in der Volkswirtschaft einen monatlichen Bruttolohn unter 400 Mark erhielten, sank der Anteil der niedrigbezahlten Werktätigen auf rund 27 Prozent im Jahre 1963 sowie auf 16 Prozent im Jahre 1967 und betrug 1971 nur noch 6 Prozent.[100] Mit den lohnpolitischen Maßnahmen des Jahres 1976 beträgt der Mindestbruttolohn 400 Mark.

Der staatlich garantierte monatliche Mindestlohn für vollbeschäftigte Arbeiter und Angestellte erhöhte sich demgegenüber von 180 Mark im Jahre 1957 auf 220 Mark im Jahre 1963, 300 Mark im Jahre 1967, 350 Mark im Jahre 1971 und 400 Mark ab 1976. Die Arbeitslöhne zwischen 350 und 435 Mark wurden in den Jahren 1971/72 differenziert erhöht, so daß für 2,3 Millionen Werktätige Lohn- und Prämienerhöhungen wirksam wurden.

1976 ging die differenzierte Erhöhung der Mindestlöhne bis zur 500-Mark-Grenze.[101]

Der Anteil der Werktätigen in den höheren Lohngruppen ist ständig gestiegen. Während 1960 noch 10,4 Prozent aller Arbeiter- und Angestelltenhaushalte ein monatliches Haushaltsnettoeinkommen unter 400 Mark und nur 2,4 Prozent ein solches über 1 500 Mark hatten, verfügten im Jahre 1974 19,4 Prozent aller betreffenden Haushalte über 1 600 Mark und mehr an Haushaltsnettoeinkommen. Noch deutlicher zeigt sich dieser Prozeß der Einkommenserhöhung in den Haushalten mit mehreren Personen. Beispielsweise verfügten in der Gruppe der Haushalte mit zwei Erwachsenen und drei Kindern im Jahre 1960 1,9 Prozent über ein Haushaltsnettoeinkommen von 1500 Mark und darüber, im Jahre 1974 betrug der Anteil der Einkommensgruppen ab 1 600 Mark bereits 29,5 Prozent.[102] (Hier wirkt sich vor vor allem der wachsende Beschäftigungsgrad von Frauen mit zwei und mehr Kindern durch verbesserte Versorgung mit entsprechenden Dienstleistungen aus.)

Stärker als der Lohnanteil der Arbeitseinkommen sind in den letzten Jahren die Prämienanteile gestiegen. Während im Fünfjahrplan 1971 bis 1975 der jährliche Zuwachs der Durchschnittslöhne etwa 3 Prozent betrug, waren es bei Prämien etwa 12 Prozent.[103] Absolut stiegen die Prämien in den produzierenden Bereichen von jährlich 600 Mark je vollbeschäftigten Arbeiter und Angestellten im Jahre 1970 auf 870 Mark 1973.[104]

Schneller noch als die durchschnittlichen monatlichen Arbeitseinkommen des einzelnen Arbeiters, die in den Jahren 1960 bis 1975 einen Zuwachs um 62 Prozent aufweisen, erhöhten sich die durchschnittlichen Arbeitseinkommen (in Geldform) der Haushalte der Arbeiter und Angestellten. Sie stiegen im gleichen Zeitraum um 80 Prozent von 759 auf 1 365 Mark.[105] Hauptursachen für diese Erscheinung sind der steigende Beschäftigungsgrad der Frauen (er betrug 1960 61,9 Prozent, 1975 78,7 Prozent) sowie lohnwirksame sozialpolitische Maßnahmen. In Familien mit zwei Beschäftigten oder wo nur die Frau berufstätig ist, wirkt sich das besonders für die Verbesserung der materiellen Lebensbedingungen der Familie aus. Frauen führen noch zu einem beträchtlichen Teil niedrigqualifiziertere und

-bezahltere Arbeiten aus, wo lohnpolitische Maßnahmen wirksam wurden. Gleichzeitig steigt das Einkommen mit dem Qualifikationsgrad bei Frauen rascher als bei Männern durch den höheren Anteil von Qualifizierungsmaßnahmen bei Frauen. Diese Tendenzen machen die Angaben in den Tabellen 28 und 29 des Anhangs deutlich.

Die einkommenspolitischen Maßnahmen und die vorstehend genannten Faktoren führten zu grundlegenden Veränderungen der Struktur der Haushalte nach Haushaltsnettoeinkommensgruppen.[106]

4.3. Die Entwicklung der Einkommen aus gesellschaftlichen Konsumtionsfonds

Der Zusammenhang zur Teilnahme am Arbeitsprozeß ist nicht nur beim Arbeitseinkommen, sondern auch bei den Einkommen aus gesellschaftlichen Konsumtionsfonds für jedes Mitglied der sozialistischen Gesellschaft gegeben. Sein Grad ist unterschiedlich. Er hängt davon ab, welcher sozialen Gruppe die Zuwendungen, Unterstützungen oder Dienstleistungen zuteil werden. Handelt es sich um Arbeitsunfähige und Rentner, so gibt es einen direkten Zusammenhang zum Maß der Arbeit, nicht nur, was die Teilnahme an der Arbeit (Dauer der Tätigkeit), sondern auch was die Quantität und Qualität ihrer Ergebnisse anbetrifft. Hier ist der Zusammenhang von Arbeitseinkommen und gesellschaftlichen Konsumtionsfonds ganz offensichtlich. Anders gestaltet ist dieser Zusammenhang dann, wenn Teile des gesellschaftlichen Konsumtionsfonds an jene verteilt werden, die noch nicht im Arbeitsprozeß stehen (vorschulische Erziehung, Bildung und Ausbildung), oder von allen Mitgliedern der Gesellschaft zwecks Erhaltung ihrer Gesundheit und ähnlichem in Anspruch genommen werden. Im ersten wie im zweiten Fall wirken die gesellschaftlichen Konsumtionsfonds in Richtung auf die aktive Teilnahme an der gesellschaftlichen Arbeit hin. Im ersten Fall sind Quantität und Qualität der Arbeitsleistung zudem eine bestimmende Größe bei der Verteilung gesellschaftlicher Konsumtionsfonds. Im letzteren Fall äußert sich die stimulierende Rolle der gesellschaftlichen Konsumtionsfonds zur aktiven Teilnahme am gesellschaftlichen Arbeitsprozeß vor allem darin, daß gleiche Bedingungen für den Erwerb einer hohen Qualifikation geschaffen werden, die ihrerseits wiederum im Arbeitseinkommen von der Gesellschaft differenziert anerkannt wird.

Es gibt noch einen weiteren Zusammenhang zwischen Leistungsprinzip und Rolle der gesellschaftlichen Konsumtionsfonds. Ein großer Teil der noch nicht Arbeitsfähigen, der nicht mehr Arbeitsfähigen und schließlich der Arbeitsunfähigen im arbeitsfähigen Alter leben in Familien. Der Anteil der Nichtarbeitenden an der Zahl der Familienmitglieder, die im Arbeitsprozeß stehen, ist unterschiedlich, womit die Übereinstimmung des Maßes der Arbeit mit dem Maß der Konsumtion je nach diesen Anteilen differenziert ist. Die Berücksichtigung dieser Differenzierung durch Teile des gesellschaftlichen Konsumtionsfonds verändert Niveau und Struktur der Familieneinkommen und löst stimulierende Wirkungen auf die im Arbeitsprozeß Stehenden dadurch aus, daß das Maß der Arbeit mit dem Maß der Konsumtion auf ein höheres Niveau der sozialökonomischen Gleichheit gehoben wird. Es schafft günstigere Bedingungen für die Ausnutzung des Gesetzes der Verteilung nach Arbeitsleistung und ist mit den Wirkungsbedingungen dieses Gesetzes direkt verknüpft.

Der sozialökonomische Charakter der Verteilung der gesellschaftlichen Konsumtionsfonds wird aber nicht nur dadurch geprägt, daß die Teilnahme an der Arbeit in der Vergangenheit, Gegenwart und Zukunft Bedingung für seine Inanspruchnahme ist, sondern auch dadurch, daß noch wesentliche Unterschiede im sozialistischen Charakter der Arbeit bestehen und die Bedürfnisse noch nicht vollständig befriedigt werden können. Das sind Ursachen für die soziale Differenzierung entsprechend dem Maß der Arbeit.

Die Entwicklung der gesellschaftlichen Konsumtionsfonds in der DDR bestätigt die Voraussage von Marx in bezug auf den Teil des Konsumtionsfonds in der kommunistischen Gesellschaftsformation, der "zur gemeinschaftlichen Befriedigung von Bedürfnissen bestimmt ist, wie Schulen, Gesundheitsvorrichtungen etc.". "Dieser Teil wächst von vornherein bedeutend im Vergleich zur jetzigen Gesellschaft und nimmt im selben Maße zu, wie die neue Gesellschaft sich entwickelt."[107]

Die Einkommen aus gesellschaftlichen Fonds nahmen im Verlauf der letzten 15 Jahre in der DDR gegenüber den Arbeitseinkommen doppelt so schnell zu. Wie die langfristige Entwicklung (vgl. Anhang, Tabelle 30) zeigt, verstärkte sich diese Dynamik ab 1970 im Zusammenhang mit der vom VIII. Parteitag der SED beschlossenen Hauptaufgabe. Von 1960 bis 1975 erhöhten sich die direkten Arbeitseinkommen um 80 Prozent, während die Einkommen aus den gesellschaftlichen Fonds um 158 Prozent zunahmen. Das entspricht einer Wachstumsrelation von fast 1 : 2. Innerhalb der Einkommen aus gesellschaftlichen Fonds wachsen die indirekten Einkommen bedeutend schneller als die direkten. Während die direkten Einkommen aus gesellschaftlichen Fonds 1960 bis 1975 um 111 Prozent zunahmen, wuchsen die indirekten Einnáhmen um 186 Prozent. Das entspricht einer Wachstumsrelation von 1 : 1, 7.

Ein zusammengefaßter Überblick hierüber ist den Tabellen 31 und 32 des Anhangs zu entnehmen. Dabei ist hervorzuheben, daß von den indirekten Einnahmen aus den gesellschaftlichen Fonds sich am schnellsten die Positionen Wohnungsbau und -erhaltung (um 338 Prozent) sowie Kultur und Bildung (um 226 Prozent) erhöhten. Das unterstreicht ihre wachsende Bedeutung für die zunehmende Verbesserung der Arbeits- und Lebensbedingungen sowie bei der Herausbildung allseitig entwickelter sozialistischer Persönlichkeiten und der sozialistischen Lebensweise. In Mark ausgedrückt entwickelten sich die direkten Einkommen aus den gesellschaftlichen Distributionsfonds in Arbeiter- und Angestelltenhaushalten von monatlich 83 Mark im Jahre 1960 auf monatlich 148 Mark im Jahre 1972, 158 Mark 1973, 170 Mark 1974 und 175 Mark 1975.

Einen umfassenden Überblick über die direkten Einkommen aus den gesellschaftlichen Distributionsfonds für alle Klassen und Schichten der Bevölkerung zu vermitteln, ist gegenwärtig nicht möglich. Während ein Teil der direkten Einkommen aus gesellschaftlichen Konsumtionsfonds zusätzliche Einkommen zum Arbeitseinkommen der Werktätigen der Familie sind, stellen Renten oder Stipendien im allgemeinen die alleinige Einkommensquelle des betreffenden Haushaltsmitglieds dar.

Im Zeitraum 1965 bis 1975 stiegen die durchschnittlichen Renten je Rentenfall (Vollrentner) um über 57, 2 Prozent. Die durchschnittliche Rente je Rentenfall (Vollrentner) betrug im Jahre 1965 152 Mark, 1970 183 Mark, 1972 233 Mark, 1975 239 Mark.[108]

Ein weiteres direktes Einkommen aus den gesellschaftlichen Distributionsfonds sind die an die Bevölkerung gezahlten Sozialfürsorgeunterstützungen. Die durchschnittlich je Sozialfürsorgepflichtiger gezahlte laufende monatliche Unterstützung betrug im Jahre 1960 rund 76 Mark, 1965 82 Mark, 1970 101 Mark und 1975 137 Mark. Trotz Steigerung der Beträge von 1960 bis 1975 auf 180 Prozent sind diese Einkommen für unsere sozialistische Gesellschaft nicht typisch und auf Sonderfälle beschränkt. Das beweist die stark zurückgegangene Anzahl der Sozialfürsorgeunterstützungsempfänger. Es waren, jeweils im Dezember des betreffenden Jahres, 1960 etwa 167 000 Personen, 1965 95 000 Personen, 1970 57 000 Personen und 1975 nur noch 22 852 Personen.[109]

Weitere direkte Einkommen aus den gesellschaftlichen Distributionsfonds bilden die an Arbeiter und Angestellte gezahlten Geldleistungen der Sozialversicherung im Krankheitsfall und als Unterstützung für alleinstehende Werktätige bei Pflege erkrankter Kinder.

Die Geldleistungen im Krankheitsfall entwickelten sich von 932, 3 Millionen Mark im Jahre 1960 auf 1 556, 7 Millionen Mark im Jahre 1975. Das entspricht einer Steigerung auf etwa 167 Prozent.[110]

Die indirekten Einkommen aus den gesellschaftlichen Distributionsfonds (an die Bevölkerung unentgeltlich beziehungsweise teilweise unentgeltlich verteilte Dienstleistungen und Konsumgüter) wuchsen im Zeitraum 1960 bis 1975 von 13, 9 auf 20, 2 Prozent der Bruttoeinkommen der Haushalte von Arbeitern und Angestellten (vgl. Anhang, Tabelle 33). In Mark ausgedrückt entwickelten sich die indirekten Einkommen aus den gesellschaftlichen Distributionsfonds in den Arbeiter- und Angestelltenhaushalten von monatlich 139 Mark im Jahre 1960 auf monatlich 397 Mark im Jahre 1975. Das entspricht einer Steigerung auf über das Zweieinhalbfache.

Aus der Analyse der Entwicklungstendenzen der Distributionsverhältnisse und der Einschätzung der Wirksamkeit der staatlichen Verteilungspolitik, die wesentlich von den Arbeitseinkommen und den anderen direkten und indirekten Einkommensbestandteilen abhängt, zeigen sich auch Probleme. Auf zwei soll hier hingewiesen werden:

- Um festzustellen, welche Tendenzen bei der Ausnutzung des Gesetzes der Verteilung nach der Arbeitsleistung und der Lohngestaltung sozialpolitisch wirksam werden, müssen außer volkswirtschaftlichen Durchschnittszahlen der Einkommensentwicklung auch die Zweig- und innerzweiglichen Differenzierungen von Einkommenshöhe und Einkommensstruktur untersucht werden. Das betrifft vor allem die Proportionen zwischen Tariflohn, Lohnzuschlägen und Prämien.
- Die Kultur- und Sozialfonds der Betriebe hatten 1974 ein Gesamtvolumen von 3 Milliarden Mark, und 1975 sollten sie sich um 7 Prozent erhöhen (vergleichsweise standen für das Gesundheits- und Sozialwesen der DDR 1974 2,9 Milliarden Mark zur Verfügung). Bei der Verteilung dieser Fonds gibt es eine sehr starke Differenzierung zwischen den Betrieben; die Schwankungsbreite zwischen dem niedrigsten und dem höchsten Niveau dieser Mittel je Vollbeschäftigteneinheit beträgt 1 : 6,3.[111]

4.4. Die Annäherung der Bereiche der Volkswirtschaft, besonders von Stadt und Land, bei der Entwicklung der Verteilungsverhältnisse

Die Prozesse sozialer Annäherung spiegeln sich in der Annäherung des Niveaus der Zweige und Bereiche auch im Arbeitseinkommen wider, vor allem beim Vergleich von Industrie und Landwirtschaft.

Im Jahre 1960 lag das Niveau des monatlichen Arbeitseinkommens, wenn man die volkseigenen Betriebe insgesamt = 100 setzt, bei 102,3 in der Industrie, bei 107,5 in der Bauindustrie, bei 85,1 in der Land- und Forstwirtschaft, bei 105,2 im Verkehr, bei 83,9 im Post- und Fernmeldewesen und im Handel bei 87,3 Prozent.

Für das Jahr 1975 ergeben sich folgende Werte: Industrie = 99,8[112], Bauindustrie = 105,8, Land- und Forstwirtschaft = 98,8, Verkehr = 110,4, Post- und Fernmeldewesen = 91,2 und Handel = 89,0. Aus diesem in Tabelle 34 des Anhangs enthaltenen Vergleich der Höhe und der Entwicklung der durchschnittlichen monatlichen Arbeitseinkommen in VEB der verschiedenen Wirtschaftsbereiche wird neben der Differenzierung, die zum Teil noch groß ist, aber auch die Tendenz der Annäherung unverkennbar. Besonders ist die Annäherung der Landwirtschaft an die durchschnittlichen Arbeitseinkommen in der Volkswirtschaft hervorzuheben. Während sie 1960 noch um 14,9 Prozent unter dem durchschnittlichen Einkommensniveau lag, hat sie dieses nunmehr annähernd erreicht. Es bleibt allerdings noch der Widerspruch zwischen Produktivitätsniveau und Einkommenshöhe.

Hervorzuheben ist, daß sich mit der Veränderung des konkreten Inhalts der landwirtschaftlichen Arbeit das sozialistische Prinzip der Verteilung nach der Arbeitsleistung auch im genossenschaftlichen Bereich der Landwirtschaft immer mehr durchsetzt. Besonders sichtbar wird das daran, daß die im Zusammenhang mit der Schaffung des genossenschaftlichen Eigentums historisch begründete Bildung der Einkommen der Genossenschaftsbauern aus der individuellen Hauswirtschaft sowie aus dem in die LPG eingebrachten Eigentum ehemaliger Klein- und Mittelbauern (Inventar- und Bodenanteile) an Bedeutung verloren hat.

Aus der Entwicklung der Einkommen folgt, daß das Konsumtionsniveau, was den Verbrauch an Waren betrifft, in der Landwirtschaft insgesamt annähernd dem in der Stadt gleicht, wenngleich territorial noch Differenzierungen bestehen.

Das Ausstattungsniveau mit langlebigen industriellen Konsumgütern entspricht im Durchschnitt der DDR auf dem Lande annähernd dem der Stadt; bei PKW, Motorrädern und Mopeds ist er auf dem Lande bis um das Doppelte höher. Das ist verursacht sowohl durch das Einkommen und die höhere Geldakkumulation bei LPG-Mitgliedern als auch durch die besonderen Bedürfnisse auf dem Lande.

Vor allem im Wohnkomfort und bei Dienstleistungen bestehen noch erhebliche Unterschiede zur Stadt. Ein hemmender Faktor für ihre Überwindung ist die historisch starke Zersiedlung in der DDR.

Die Siedlungsstruktur und die Entwicklung der Größe der Siedlungen im Zusammenhang mit dem Vergesellschaftungsprozeß in der Landwirtschaft hat für die Annäherung zwischen Stadt und Land Bedeutung hinsichtlich der

- Gestaltung der materiellen Basis der Bereiche der gesellschaftlichen Konsumtion, der Betreuungs- und Versorgungsbereiche in bezug auf Umfang, Qualität und Effektivität der Versorgung,
- Entwicklung kollektiver Beziehungen,
- Erhöhung des geistig-kulturellen Niveaus.

Auf einigen Gebieten der gesellschaftlichen Konsumtionsfonds besteht dem Wesen nach bereits völlige Gleichstellung zwischen Stadt und Land. Das betrifft die kostenlose medizinische Betreuung, die Krankengeldzahlungen, die Versorgung mit Invaliden- und Altersrenten und ähnliches.

Die dargelegten Tendenzen der Entwicklung der Distribution werden sich, das zeigen auch die für 1976 bis 1980 gültigen Pläne, zweifellos weiter fortsetzen. Innerhalb dieser grundsätzlichen Entwicklungstendenzen ist jedoch zu erwarten, daß sich in Abhängigkeit von der zunehmenden Reife der sozialistischen Produktionsweise, unter den Bedingungen der vorwiegend intensiv erweiterten Reproduktion, bei wachsendem Vergesellschaftungsgrad der Produktion und Arbeit, der Ausprägung des sozialistischen Charakters der Arbeit und anderem einzelne Richtungen abschwächen und andere an Bedeutung zunehmen.

Generell schwächen sich tendenziell die Differenzierungen der Einkommen innerhalb und zwischen den Volkswirtschaftszweigen oder auch zwischen den Einkommensgruppen ab. Letzteres zeigt sich zum Beispiel darin, daß die unteren Tarifgruppen mit den Mindestlohnerhöhungen abnehmen. Das sind Tendenzen, die unter anderem verbunden sind mit Veränderungen in den Eigentums-, Verteilungs- und Sozialstrukturen und ihrem Niveau. Einkommensdifferenzen werden ebenfalls durch die Einführung der Grundlöhne reduziert, indem der in den letzten Jahren immer mehr steigende Anteil von Mehrleistungslöhnen und Zuschlägen ökonomisch ungerechtfertigte Lohnunterschied zwischen Zweigen oder Betrieben schrittweise beseitigt wird.

Die weitere Verbesserung des materiellen und kulturellen Lebensniveaus wird künftig vor allem von der Lösung solcher Aufgaben bestimmt, "die für die Weiterentwicklung der sozialistischen Produktionsverhältnisse, die weitere Ausprägung der sozialistischen Lebensweise und für das Leben der großen Mehrheit der Bürger besonders bedeutsam sind"[113].

Anhang

Tabelle 1

Entwicklung der LPG[1]

Jahr	Anzahl	Mitglieder	Landwirtschaftliche Nutzfläche in 1000 Hektar
1953	4 691	128 550	754, 3
1959	10 132	435 365	2 585, 7
1960	19 313	901 490	5 408, 1
1970	9 009	915 119	5 392, 4
1971	8 327	898 714	5 393, 8
1974	5 764	870 961	5 388, 3
1975	4 613	849 284	5 405, 6

1 LPG: 1953 und 1959 Stand Jahresende, ab 1960 Stand 30. 9., Mitglieder: ab 1960 ohne Lehrlinge, landwirtschaftliche Nutzfläche: Stand Jahresmitte

Quellen: Berechnet nach dem Statistischen Jahrbuch der DDR 1976, Berlin 1976, S. 176-178; ebenda 1969, S. 181.

Tabelle 2

Landwirtschaftliche Nutzfläche nach Eigentumsformen (in Prozent)

Jahr	Insgesamt	Sozialistisch			Privat
		insgesamt	volkseigen	genossenschaftlich	
1950	100	5, 7	5, 7	-	94, 3
1955	100	27, 3	8, 7	18, 6	72, 7
1960	100	92, 5	8, 1	84, 4	7, 5
1965	100	93, 9	7, 9	86, 0	6, 1
1970	100	94, 2	8, 1	86, 1	5, 8
1972	100	94, 4	8, 1	86, 3	5, 6

Quelle: Dokumente und Materialien zum 30. Jahrestag der Bodenreform, Berlin 1975, S. 201.

Tabelle 3

Leistung des Handwerks nach Eigentumsformen der Betriebe
(in Prozent)

Jahr	Insgesamt	PGH	Private Betriebe
1955	100	0, 3	99, 7
1960	100	29, 4	70, 6
1965	100	40, 2	59, 8
1966	100	42, 5	57, 5
1967	100	44, 8	55, 2
1968	100	46, 4	53, 6
1969	100	48, 2	51, 8
1970	100	49, 9	50, 1
1971	100	51, 3	48, 7
1972	100	34, 2	65, 8
1973	100	35, 6	64, 4
1974	100	36, 9	63, 1
1975	100	38, 3	61, 7

Quelle: Statistisches Jahrbuch der DDR 1976, Berlin 1976, S. 162.

Tabelle 4

Eigentumsformen der Betriebe der Industrie
(in Prozent)

Jahr	Sozialistische Betriebe	Betriebe mit staatlicher Beteiligung	Private Betriebe
1950	25, 6	-	74, 4
1955	30, 5	-	69, 5
1956	32, 3	0, 8	66, 9
1960	31, 8	27, 8	40, 4
1962	32, 0	34, 7	33, 3
1971	23, 3	50, 3	26, 4
1972[1]	97, 0	3, 0	

1 Geschätzt, da keine Angaben vorliegen. Im Jahr 1972 wurden ingesamt etwa 10 900 Betriebe mit staatlicher Beteiligung und private Betriebe in Volkseigentum übergeführt.

Quellen: Statistisches Jahrbuch der DDR 1972, Berlin 1972, S. 118; ebenda 1963, S. 71; ebenda 1955, S. 121.

Tabelle 5

Arbeiter und Angestellte[1] nach Eigentumsformen der Betriebe, Einrichtungen, Verwaltungen (in Prozent)

Jahr	Volks-eigen	Genossen-schaftlich	Staatliche Beteiligung	Privat
1952	67,0	3,9	-	29,1
1955	70,0	4,6	-	25,4
1960	77,8	6,0	5,8	10,4
1961	78,1	6,5	6,0	9,3
1965	78,7	6,8	6,8	7,7
1970	79,7	6,8	6,9	6,6
1972	88,2	6,5	0,5	4,8
1973	88,5	6,6	0,5	4,4
1974	89,2	4,2	0,4	4,1

1 1952 und 1955 Stand 31.12., ab 1960 Stand 30.9.

Quellen: Berechnet nach dem Statistischen Jahrbuch der DDR 1976, Berlin 1976, S. 51; ebenda 1972, S. 55.

Tabelle 6

Anteil der Eigentumsformen am gesellschaftlichen Gesamtprodukt[1] beziehungsweise am Nettoprodukt[2] (in Prozent)

Jahr	Volkseigene Betriebe	Genossen-schaftliche Betriebe	Betriebe mit staatlicher Beteiligung oder Kommissionsvertrag	Private Betriebe
1950	53,6	5,8	-	40,6
1955	64,4	7,5	-	28,1
1960	69,5	14,2	5,8	10,5
1968	68,1	17,4	8,3	6,2
1970	68,6	16,9	8,9	5,6
1971	68,7	16,9	8,9	5,4
1972	79,7	15,0	1,0	4,3
1973	95,2		0,9	3,9
1974	95,5		0,8	3,6

1 Bis 1960.
2 Ab 1968.

Quellen: Statistisches Jahrbuch der DDR 1976, Berlin 1976, S. 35; ebenda 1975, S. 35; ebenda 1974, S. 39; ebenda 1960/61, S. 7.

Tabelle 7

Anteil der verschiedenen sozialökonomischen Sektoren am produzierten Bruttoprodukt der Industrie und Landwirtschaft zu Beginn und am Ende der Übergangsperiode in den Mitgliedsländern des RGW

Land	Jahr	Sozialistische Industrie insgesamt	Sozialistische Industrie staatlicher Sektor	Sozialistische Industrie genossenschaftlicher Sektor	Privater Sektor	Sozialistischer Sektor der Landwirtschaft	Privater Sektor der Landwirtschaft
VRB	1948	91,7	81,1	10,6	8,3	62,9[2]	37,1[2]
	1960	99,1	87,0	12,1	0,9	99,1	0,9
UVR	1949	85,7	84,6	1,1	14,3	11,5	88,5
	1960	97,4	92,6	4,8	2,6	76,8	23,2
	1965	-	-	-	-	96,7	3,3
DDR	1950	70,4	.	.	29,6	-	-
	1960	88,7	.	7,5[1]	3,8	80,0[3]	20,0[3]
VRP	1949	93,9	87,7	6,2	6,1	8,0[4]	92,0[4]
	1960	99,3	86,9	12,1	0,7	10,8	89,2
	1970	-	-	-	-	14,3	85,7
SRR	1948	51,4	51,4	0,0	48,6	8,2[4]	91,8[4]
	1960	98,8	95,2	3,6	1,2	64,6	35,4
	1965	-	-	-	-	90,9	9,1
UdSSR[5]	1928	82,4	69,4	13,0	17,6	2,7[6]	97,3[6]
	1937	99,8	90,3	9,5	0,2	93,0	7,0
ČSSR	1948	86,1	84,7	1,4	13,9	17,0[4]	83,0[4]
	1960	99,9	96,8	3,1	0,1	90,5	9,5

1 Halbstaatliche Betriebe.

2 1952.

3 Land- und Forstwirtschaft.

4 1950.

5 Für die Sowjetunion wurde als Ausgangsperiode nicht das Jahr 1917 (Beginn der Übergangsperiode) gewählt, sondern das Jahr 1928, das den Anfang der massenhaften Kollektivierung der Landwirtschaft bedeutete.

6 Aussaatfläche.

Quelle: Teorija i praktika stroitel'stva socializma. Iz opyta stran socialističeskogo sobružestva, Moskva 1975, S. 9.

Tabelle 8

Entwicklung der Anzahl der Betriebe nach Betriebsgrößengruppen in der Industrie der DDR

Zahl der Arbeiter und Angestellten im Betrieb	Jahre											
	1956		1960		1966		1970		1973		1974	
	A[1]	B[2]	A	B	A	B	A	B	A	B	A	B
bis 50	12 001	65,4	9 512	59,3	7 545	56,1	6 532	56,4	4 905	48,1	4 236	45,7
51 bis 200	4 204	23,0	4 246	26,5	3 710	27,6	3 080	26,6	3 260	32,0	3 045	32,1
201 bis 500	1 124	6,1	1 211	7,5	1 119	8,3	916	7,9	935	9,2	990	10,4
501 bis 1000	455	2,5	506	3,2	499	3,7	419	3,6	419	4,1	416	4,4
1001 bis 2500	415	2,3	409	2,6	391	2,9	416	3,6	453	4,4	465	4,9
2501 bis 5000	103	0,6	105	0,7	134	1,0	124	1,1	141	1,4	146	1,5
über 5000	42	0,2	49	0,3	53	0,4	77	0,6	87	0,8	86	0,9
Betriebe insgesamt	18 344	100,0	16 038	100,0	13 451	100,0	11 564	100,0	10 200	100,0	9 474	100,0

1 Insgesamt.

2 Prozent.

Quellen: Berechnet nach dem Statistischen Jahrbuch der DDR 1976, Berlin 1976, S. 113; ebenda 1975, S. 113; ebenda 1974, S. 122; ebenda 1972, S. 124; ebenda 1970, S. 110; ebenda 1968, S. 138; ebenda 1966, S. 138; ebenda 1964, S. 116; ebenda 1962, S. 226; ebenda 1959, S. 334; ebenda 1956, S. 235.

Tabelle 9

Entwicklung des Konzentrationsprozesses in der Leicht- und Lebensmittelindustrie

Jahr	Betriebe mit Beschäftigten	Leichtindustrie	Lebensmittelindustrie	Textilindustrie
1962	über 5000	-	-	-
	500 - 5000	187	63	155
	unter 500	5 091	2 118	1 651
1965	über 5000	-	-	1
	500 - 5000	175	67	137
	unter 500	4 485	1 873	1 505
1968	über 5000	-	1	1
	500 - 5000	179	77	124
	unter 500	4 137	1 610	1 402
1970	über 5000	1	1	4
	500 - 5000	168	91	89
	unter 500	3 734	1 402	1 276
1972	über 5000	2	1	5
	500 - 5000	181	104	68
	unter 500	2 903	1 061	1 063
1973	über 5000	2	1	5
	500 - 5000	194	105	66
	unter 500	3 140	1 037	1 074
1974	über 5000	2	1	2
	500 - 5000	199	107	64
	unter 500	2 859	956	951

Quellen: Berechnet nach dem Statistischen Jahrbuch der DDR 1976, Berlin 1976, S. 114; ebenda 1975, S. 114; ebenda 1974, S. 123; ebenda 1972, S. 126; ebenda 1970, S. 112; ebenda 1967, S. 139; ebenda 1964, S. 119.

Tabelle 10

Der Konzentrationsprozeß in der Bauindustrie und dem Bauhandwerk

	1956	1958	1971	1972	1975
Index der Anzahl der Betriebe					
Bauindustrie	100	94,9	72,4	95,7	71,2
Bauhandwerk	100	87,7	49,6	45,0	39,2
darunter PGH	100	1098,7	2105,1	1428,2	1409,0
Durchschnittliche Anzahl der Berufstätigen je Betrieb					
Bauindustrie	164	178	274	228	331
Bauhandwerk	4	4,5	9	7	7
darunter PGH	32	36	56	50	48
Index der durchschnittlichen Anzahl der Berufstätigen je Betrieb					
Bauindustrie	1	1,09	1,67	1,39	2,02
Bauhandwerk	1	1,13	2,25	1,75	1,75
darunter PGH	1	1,13	1,75	1,56	1,50

Quelle: Berechnet nach dem Statistischen Jahrbuch der DDR 1976, Berlin 1976, S. 139 f.

Tabelle 11

Entwicklung des Anteils der Arbeiter und Angestellten und der Bauproduktion der Bauindustrie nach Betriebsgrößen (in Prozent)

Größe der Betriebe nach der Anzahl der Arbeiter und Angestellten	1956 A[1]	1956 B[2]	1960 A	1960 B	1965 A	1965 B	1970 A	1970 B
bis 50	10,0	9,5	8,5	7,4	7,4	6,0	5,2	5,1
51 bis 150	11,2	10,4	8,3	7,2	9,7	8,1	8,9	8,5
151 bis 500	17,7	16,7	18,0	18,5	7,9	6,7	6,5	6,0
501 bis 1000	10,1	10,2	16,6	18,1	7,4	6,1	4,6	4,8
1001 bis 2500	51,0[3]	53,2[3]	48,5[3]	48,7[3]	20,2	20,2	17,1	17,0
2501 bis 5000	-	-	-	-	47,4[4]	52,9[4]	57,8[4]	58,6[4]
über 5000	-	-	-	-	-	-	-	-

Fortsetzung Tabelle 11

Größe der Betriebe nach der Anzahl der Arbeiter und Angestellten	1971		1972		1974		1975	
	A[1]	B[2]	A	B	A	B	A	B
bis 50	5,1	5,0	5,7	5,4	4,4	4,4	3,0	3,1
51 bis 150	8,9	8,3	14,4	13,5	12,5	11,8	9,9	9,6
151 bis 500	6,6	6,1	10,2	8,8	13,0	11,1	15,7	12,8
501 bis 1000	4,8	4,8	8,0	8,6	9,9	10,3	11,3	11,3
1001 bis 2500	13,7[4]	14,8[4]	23,9	25,4	24,1	27,7	23,3	26,3
2501 bis 5000	60,9[4]	61,1[4]	13,7	15,0	15,3	16,7	17,2	18,5
über 5000	-	-	24,1	23,3	20,7	18,6	19,5	18,3

1 Arbeiter und Angestellte.

2 Bauproduktion

3 über 1000.

4 über 2500.

Quellen: Berechnet nach dem Statistischen Jahrbuch der DDR 1976, Berlin 1976, S. 150; ebenda 1975, S. 150; ebenda 1973, S. 156; ebenda 1972, S. 156; ebenda 1971, S. 140; ebenda 1966, S. 222; ebenda 1960/61, S. 372; ebenda 1956, S. 314.

Tabelle 12

Durchschnittlicher Grundmittelbestand im produzierenden Bereich der Volkswirtschaft der DDR 1975[1] (in Millionen Mark)

Wirtschaftsbereiche	Bestand	Zuwachs (1960 = 100)	Durchschnittlicher Grundmittelbestand je Beschäftigten (ohne Lehrlinge)	Zuwachs (1960 = 100)
Industrie	229.190	242,0	74.451	216,7
Energie- und Brennstoffindustrie	54.250	242,1	278.491	245,4
Chemische Industrie	45.570	264,5	136.070	240,2
Metallurgie	13.190	249,5	103.858	218,8
Baumaterialienindustrie	8.400	250,3	89.744	252,5
Wasserwirtschaft	15.480	194,9	762.562	170,0
Maschinen- und Fahrzeugbau	35.550	274,2	40.120	215,0
Elektrotechnik/Elektronik/Gerätebau	13.160	350,6	30.662	235,8
Leichtindustrie (ohne Textilindustrie)	16.800	218,7	33.248	217,7
Textilindustrie	10.650	171,1	43.558	232,7
Lebensmittelindustrie	16.140	205,4	66.502	180,3
Produzierendes Handwerk (ohne Bauhandwerk)	1.850	117,1	6.759	180,9
Bauwirtschaft	10.510	374,3	18.342	301,5
Land- und Forstwirtschaft	47.750	233,1	52.129	340,4
Verkehr, Post- und Fernmeldewesen	56.230	170,0	100.825	167,3
Binnenhandel	18.580	212,8	22.164	225,9
Sonstige produzierende Zweige	2.540	461,0	19.705	266,1
Insgesamt	366.650	226,4	57.595	230,9

1 Vorläufige Angaben.

Quelle: Berechnet nach dem Statistischen Jahrbuch der DDR 1976, Berlin 1976, S. 44 f.

Tabelle 13

Anteil der Stückzahlbereiche für Erzeugnisgruppen der metallverarbeitenden Industrie (in Prozent)

Stückzahlbereich	1968	1969	1970
bis 100 Stück	36,6	36,4	33,2
über 100 bis 1 000 Stück	22,0	22,8	24,4
über 1 000 bis 10 000 Stück	17,3	15,5	16,8
über 10 000 bis 100 000 Stück	10,1	11,4	11,2
über 100 000 bis 1 Million Stück	6,7	6,5	6,8
über 1 Million bis 10 Millionen Stück	4,4	4,2	4,3
über 10 Millionen Stück	2,8	3,1	3,4

Quelle: D. Rohde, Einige Fragen der Fertigungsorganisation in der metallverarbeitenden Industrie, in: Statistische Praxis, 2/1973, S. 87.

Tabelle 14

Anteil der Stückzahlbereiche für Erzeugnisgruppen nach Erzeugniskategorien in der metallverarbeitenden Industrie für das Jahr 1970 (in Prozent)

Stückzahlbereich	Erzeugniskategorie			
	Einzelteile	Baugruppen	Investitionsgüter	Konsumgüter
bis 100 Stück	1, 2	10, 4	53, 3	3, 9
über 100 bis 1 000 Stück	4, 8	22, 3	30, 0	13, 1
über 1 000 bis 10 000 Stück	9, 4	26, 2	12, 7	21, 0
über 10 000 bis 100 000 Stück	22, 4	18, 9	3, 2	28, 9
über 100 000 bis 1 Million Stück	14, 1	12, 7	0, 7	21, 0
über 1 Million bis 10 Millionen Stück	20, 0	6, 5	-	10, 5
über 10 Millionen Stück	28, 2	3, 1	-	1, 4
Zusammen	100	100	100	100

Quelle: D. Rohde, Einige Fragen der Fertigungsorganisation in der metallverarbeitenden Industrie, in: Statistische Praxis, 2/1973, S. 88.

Tabelle 15

Entwicklung der zwischengenossenschaftlichen Einrichtungen in der Landwirtschaft der DDR (in Prozent)

Jahr	Zwischengenossenschaftliche Einrichtungen		Ständige Berufstätige	
	Veränderung der Anzahl	Anteil an LPG	Veränderung der Anzahl	Anteil an LPG
1965		4,8		2,1
1966	18,3	6,1	23,0	2,6
1967	14,6	7,6	26,0	3,3
1968	26,0	10,9	39,9	4,8
1969	25,2	15,9	109,5	10,5
1970	4,7	18,2	-8,9	9,9
1971	-4,7	18,8	-15,0	8,7
1972	17,6	24,3	36,1	12,4
1973	26,1	35,2	144,9	31,7
1974	-0,5	40,0	24,2	40,5
1975[1]	2,8	51,9	27,4	53,2

1 Vorläufige Ergebnisse.

Quelle: Berechnet nach dem Statistischen Jahrbuch der DDR 1976, Berlin 1976, S. 176, S. 178, S. 184.

Tabelle 16

Verhältnis der Grundmittelausstattung je Beschäftigten der Wirtschaftsbereiche zur Grundmittelausstattung der Industrie in den Jahren 1960 und 1975 (Industrie = 1)

Wirtschaftsbereiche	1960	1975[1]
Bauwirtschaft	0,18 : 1	0,25 : 1
Land- und Forstwirtschaft	0,45 : 1	0,70 : 1
Verkehr, Post- und Fernmeldewesen	1,75 : 1	1,35 : 1
Binnenhandel	0,29 : 1	0,30 : 1
Produzierendes Handwerk (ohne Bauhandwerk)	0,11 : 1	0,09 : 1
Sonstige produzierende Zweige	0,22 : 1	0,26 : 1

1 Vorläufige Ergebnisse.

Quelle: Berechnet nach dem Statistischen Jahrbuch der DDR 1976, Berlin 1976, S. 44.

Tabelle 17

Entwicklung des Anteils der Betriebe und der Arbeiter und Angestellten nach Betriebsgrößengruppen in der Industrie der DDR (in Prozent)

Betriebe mit Arbeitern und Angestellten von bis	Betriebe[1]		Arbeiter und Angestellte[2]		Veränderung
	1956	1974	1956	1974	1974 : 1956
bis 25	43, 4	21, 2	4, 0	1, 1	-2, 9
26 bis 100	36, 2	44, 2	12, 4	7, 1	-5, 3
101 bis 500	14, 9	22, 8	21, 7	15, 7	-6, 0
501 bis 1000	2, 5	4, 4	12, 1	9, 5	-2, 6
1001 bis 2500	2, 3	4, 9	23, 7	24, 2	+0, 5
2501 bis 5000	0, 6	1, 5	13, 3	16, 4	+3, 1
über 5000	0, 2	0, 9	12, 9	26, 0	+13, 1

1 Stand 31. Dezember.
2 Jahresdurchschnitt.

Quellen: Berechnet nach dem Statistischen Jahrbuch der DDR 1976, Berlin 1976, S. 113; ebenda 1956, S. 235.

Tabelle 18

Entwicklung des Anteils der Betriebe und der Arbeiter und Angestellten nach Betriebsgrößengruppen in der Bauindustrie der DDR (in Prozent)

Betriebe mit Arbeitern und Angestellten von bis	Betriebe[1]			Arbeiter und Angestellte[2]			Veränderung
	1956	1970	1975	1956	1970	1975	1975 : 1956
bis 50	60, 1	55, 8	29, 6	10, 0	5, 2	3, 0	-7, 0
51 bis 150	23, 3	29, 5	38, 1	11, 2	8, 9	9, 9	-1, 3
151 bis 500	10, 6	7, 6	19, 8	17, 7	6, 5	15, 7	-2, 0
501 bis 1000	2, 6	1, 8	5, 3	10, 1	4, 6	11, 3	+1, 2
über 1000	3, 3	5, 2	7, 2	51, 0	74, 9	60, 0	+9, 0

1 Stand 31. Dezember.

2 Jahresdurchschnitt.

Quellen: Berechnet nach dem Statistischen Jahrbuch der DDR 1976, Berlin 1976, S. 150; ebenda 1971, S. 140; ebenda 1956, S. 314.

Tabelle 19

Konzentration nach der Stufenfolge der Produktion im Jahr 1974

Anteil der Arbeiter und Angestellten in Betrieben mit über 1000 Arbeitern und Angestellten	Betriebe der Industriebereiche		
	Energie- und Brennstoffindustrie, Chemische Industrie, Metallurgie	Maschinen- und Fahrzeugbau, Elektrotechnik, Elektronik und Gerätebau	Leichtindustrie, Textilindustrie, Lebensmittelindustrie
Prozent	89,7	69,0	49,6
Relation	100	etwa 77	etwa 55

Quellen: Berechnet nach dem Statistischen Jahrbuch der DDR 1976, Berlin 1976, S. 114; ebenda 1975, S. 112.

Tabelle 20

Durchschnittliche und jährliche Wachstumsraten des durchschnittlichen Grundmittelbestands je Berufstätigen (in Prozent)

Jahre	Land- und Forstwirtschaft	Industrie
1955 - 1960	8,2	2,1
1960 - 1965	9,9	6,3
1965 - 1970	8,3	4,4
1970 - 1973	8,3	4,2
1973 - 1974[1]	6,7	6,1
1974 - 1975[1]	5,6	6,1

1 Vorläufige Angaben.

Quelle: Berechnet nach dem Statistischen Jahrbuch der DDR 1976, Berlin 1976, S. 44.

Tabelle 21

Entwicklung des Maschinenbestands in der sozialistischen Landwirtschaft der DDR (in Prozent)

Jahr	Anteil an der Gesamtzahl der Traktoren		Erhöhung des Bestands an Lastkraftwagen jährliche Zunahme	Veränderung des Bestands an Mähdreschern	
	schwere Traktoren 1,4 Mp	sehr schwere Traktoren ab 2,0 Mp		insgesamt	darunter Typ E 512
1960	29,1	9,4	-	.	.
1965	30,1	7,6	7,1[1]	19,1[1]	.
1966	31,4	8,2	13,0	8,9	.
1967	34,1	8,4	13,6	4,8	.
1968	38,3	8,4	6,5	2,0	.
1969	37,7	8,2	10,0	2,1	.
1970	37,1	7,5	37,8	-2,1	+89,8
1971	23,5	17,4	3,8	-11,2	+37,1
1972	25,4	19,0	5,3	-9,1	+19,6
1973	28,9	20,7	9,0	-17,9	+18,9
1974	32,8	22,7	26,3	-7,2	+18,3
1975	36,1	24,5	3,9	+2,0	+13,8

1 Durchschnitt der Jahre 1961 bis 1965.

Quelle: Berechnet nach dem Statistischen Jahrbuch der DDR 1976, Berlin 1976, S. 186.

Tabelle 22

Produktionsarbeiter mit überwiegend geistigen Bedienungstätigkeiten, Überwachungs- und Kontrollaufgaben in der Industrie der DDR (Veränderung 1971 zu 1965 in Prozent)

	Produktionsarbeiter insgesamt	darunter überwiegend mit		
		Kontroll- und Überwachungsaufgaben nicht an Maschinen	Kontroll- und Überwachungsaufgaben an Maschinen	geistiger Bedienungstätigkeit an Maschinen
Produktionsarbeiter insgesamt	104,0	103,0	178,0	114,5
darunter				
Transportarbeiter	85,2	135,0	-	110,0
Reparaturarbeiter	110,9	127,0	149,0	127,0
Montagearbeiter	125,8	125,8	-	191,0

Quelle: Ermittlung der Produktionsarbeiter nach der Art ihrer Tätigkeit 1965 und 1971, Staatliche Zentralverwaltung für Statistik der DDR.

Tabelle 23

Veränderung von Funktionen der Werktätigen im Arbeitsprozeß (in Prozent)

	Zunahme	Abnahme
Kontrollfunktionen an Maschinen	22	-
Geistige Bedienungstätigkeit an Maschinen	20	-
Maschinenarbeit	11	-
Körperlich schwere Arbeit an Maschinen	-	8
Allgemeine Maschinenarbeit	-	9
Körperliche Arbeit ohne energiebetriebene Werkzeuge	-	30

Quelle: Die wachsende Rolle der Arbeiterklasse in den sozialistischen Ländern, Berlin 1974, S. 152.

Tabelle 24

Anteil und Veränderung ausgewählter Qualifikationsstufen nach Bereichen der Volkswirtschaft (in Prozent)

	Hoch- und Fachschulkader		Meister und Facharbeiter	
	Anteil an Berufstätigen insgesamt im Jahr 1962	Veränderung 1971 zu 1962	Anteil an Berufstätigen insgesamt im Jahr 1962	Veränderung 1971 zu 1962
Volkswirtschaft	6, 7	184, 5	33, 7	142, 9
Industrie	3, 9	232, 7	40, 7	125, 5
Bauwirtschaft	3, 6	345, 8	54, 2	135, 8
Land- und Forstwirtschaft	2, 5	167, 7	17, 5	276, 0
Verkehr, Post- und Fernmeldewesen	1, 9	266, 3	40, 9	121, 6
Handel	0, 7	463, 2	41, 6	126, 4
Sonstige produzierende Bereiche	31, 2	139, 8	29, 5	212, 3
Nichtproduzierende Bereiche	21, 1	167, 7	22, 6	130, 0

Quelle: Berechnet nach: Autorenkollektiv, Zur Reproduktion des Qualifikationsniveaus der Werktätigen und der Bildungsfonds, Berlin 1973, S. 27 und S. 29 (Forschungsberichte des Zentralinstituts für Wirtschaftswissenschaften der Akademie der DDR, Nr. 5).

Tabelle 25

Anteil der Hoch- und Fachschulkader sowie der Grundfondsausstattung in ausgewählten Bereichen der Industrie der DDR

Industriebereiche für das Jahr 1971	Anzahl der Hoch- und Fachschulkader auf 1000 direkt in der Produktion tätige Arbeiter und Angestellte	Grundfondsausstattung je Berufstätigen in tausend Mark	Automatisierungskoeffizient der Arbeit in Prozent
Energie- und Brennstoffindustrie	36	233,5	11,4
Chemische Industrie	43	105,1	10,7
Metallurgie	34	86,4	9,3
Maschinen- und Fahrzeugbau	13	32,4	5,3
Elektronischer Gerätebau	21	25,9	7,8
Industrie insgesamt	19	61,7	7,6

Quellen: Berechnet nach: Autorenkollektiv, Zur Reproduktion des Qualifikationsniveaus der Werktätigen und der Bildungsfonds, Berlin 1973, S. 31 (Forschungsberichte des Zentralinstituts für Wirtschaftswissenschaften der Akademie der DDR, Nr. 5); Statistisches Jahrbuch der DDR 1974, Berlin 1974, S. 49 und S. 137.

Tabelle 26

Anteil der Hoch- und Fachschulkader sowie der Grundfondsausstattung in der Landwirtschaft der DDR

Jahr 1973	Anteil der Hoch- und Fachschulkader in Prozent	Grundfondsausstattung je Berufstätigen in tausend Mark
Industriemäßige Anlagen	.	etwa 200 - 300
der Milchproduktion	13,3	.
der Rindermast	12,2	.
der Schweineaufzucht	12,7	.
Durchschnitt der Landwirtschaft insgesamt	5,4	46

Quelle: Nach Materialien des Instituts für Ökonomik beim Ministerium für Land-, Forst- und Nahrungsgüterwirtschaft der DDR, 1974.

Tabelle 27

Veränderung der Anzahl der Berufstätigen[1] in tausend Personen im Zeitraum von 1960 bis 1975

Bereich	Reduzierung	Erhöhung
Volkswirtschaft insgesamt	-	262
Nichtproduzierende Bereiche	-	323
Produzierende Bereiche	61	-
davon		
Industrie und produzierendes Handwerk	-	120
Bauwirtschaft	-	87
Verkehr, Post- und Fernmeldewesen	-	47
Sonstige produzierende Bereiche[2]	-	138
Land- und Forstwirtschaft	409	-
Handel	44	-

1 Ohne Lehrlinge.

2 Die sonstigen produzierenden Bereiche umfassen unter anderem wirtschaftsleitende Organe, Forschung und Entwicklung, Reparatur-Kombinate.

Quelle: Berechnet nach dem Statistischen Jahrbuch der DDR 1976, Berlin 1976, S. 15/16.

Tabelle 28

Struktur und Entwicklung der Bevölkerung im arbeitsfähigen Alter, der Berufstätigen und des Beschäftigungsgrades nach dem Geschlecht für ausgewählte Jahre

Kennziffer	Einheit	1960	1965	1970	1971	1972	1973	1974	1975[1]
Wohnbevölkerung im arbeitsfähigen Alter[2]	Index (1960=100)								
insgesamt		100	94, 1	93, 7	93, 8	93, 8	94, 1	94, 5	95, 3
männlich		100	96, 5	98, 2	98, 5	99, 0	99, 6	100, 4	101, 4
weiblich		100	91, 9	89, 8	89, 6	89, 2	89, 1	89, 2	89, 9
Berufstätige (ohne Lehrlinge)[3]	Index (1960=100)								
insgesamt		100	99, 9	101, 1	101, 4	101, 6	102, 1	102, 8	103, 4
männlich		100	96, 8	95, 0	94, 5	94, 3	94, 3	94, 6	94, 6
weiblich		100	103, 6	108, 5	109, 9	110, 6	111, 5	112, 9	114, 2
Beschäftigungsgrad[4]	Prozent								
insgesamt		72, 9	77, 4	78, 6	78, 8	79, 0	79, 1	79, 4	79, 1
männlich		85, 3	85, 5	82, 5	81, 8	81, 2	80, 7	80, 3	79, 5
weiblich		61, 9	69, 8	74, 8	76, 0	76, 8	77, 5	78, 4	78, 7
Entwicklung	Index								
insgesamt	(1960=100)	100	106, 2	107, 8	108, 1	108, 4	108, 5	108, 9	108, 5
männlich		100	100, 2	96, 7	95, 9	95, 2	94, 6	94, 1	93, 2
weiblich		100	112, 8	120, 8	122, 8	124, 1	125, 2	126, 7	127, 1

1 Vorläufige Angaben.
2 Stand am Jahresende beziehungsweise 1970, Ergebnis der Volkszählung vom 1. Januar 1971; Personen im Alter von 15 bis 65 (männlich) beziehungsweise 60 Jahren (weiblich) zuzüglich 5/12 der Personen des Altersjahres von 14 bis unter 15 Jahren.
3 Stand am 30. 9.
4 Die Ausgangsdaten beruhen auf unterschiedlichen Stichtagen (vgl. Anmerkungen 3 und 2).

Quelle: Berechnet nach dem Statistischen Jahrbuch der DDR 1976, Berlin 1976, S. 15 und S. 392.

Tabelle 29

Entwicklung der Qualifikation der Berufstätigen in der sozialistischen Wirtschaft (1965 = 100)

Jahr	mit Hochschulabschluß[1, 2]		mit Fachschulabschluß[1, 2]		Facharbeiterprüfungen[3]			
					von Lehrlingen[4]		von Werktätigen	
	A	B	A	B	A	B	A	B
1961	69,8	65,6	70,5	651,1	103,8	109,0	151,4	155,3
1966	109,0	111,3	107,4	106,0	86,5	100,0	255,6	293,5
1967	116,4	119,4	116,1	114,0	86,5	99,0	213,5	258,8
1968	123,7	127,6	122,2	122,7	112,2	132,3	266,3	324,8
1969	132,9	140,8	126,8	129,0	121,9	145,8	290,3	363,3
1970	140,5	149,5	137,9	145,3	126,6	152,4	335,9	430,7
1971	149,8	164,2	146,4	158,1	119,6	143,1	239,8	328,0
1972	166,0	186,2	157,5	178,2	122,1	145,9	232,2	314,9
1973	182,0	211,0	169,5	198,8	125,4	151,2	238,2	315,2
1974[5]	199,2	237,9	179,6	219,0	136,2	164,8	252,8	355,7
1975[5]	214,3	265,0	188,1	236,1	133,3	160,8	266,4	361,4

A Insgesamt.
B Darunter weiblich.

1 Ohne PGH und Rechtsanwaltskollegien. Für Konsumgenossenschaften und Vereinigungen der gegenseitigen Bauernhilfe nur Handels- und Produktionsbetriebe.
2 Im Zusammenhang mit den 1972 erfolgten sozialökonomischen Veränderungen wurden die Angaben ab 1970 vergleichbar umgerechnet.
3 1960 = 100.
4 Einschließlich bestandenen Facharbeiterprüfungen von Lehrlingen in Abiturklassen der Berufsausbildung; ohne Ausbildung auf Teilgebieten eines Ausbildungsberufes.
5 Vorläufige Zahlen.

Quellen: Berechnet nach dem Statistischen Jahrbuch der DDR 1976, Berlin 1976, S. 62, S. 332; ebenda 1973, S. 66, S. 19, S. 358; ebenda 1971, S. 55/56; ebenda 1970, S. 55/56.

Tabelle 30

Entwicklung der Einkommen der Arbeiter- und Angestelltenhaushalte, gegliedert nach Einkommensarten (in Prozent, 1960 = 100)

Einkommensart	1965	1970	1972	1973	1974	1975[1]
Direkte Einkommen aus indidivuellen Distributionsfonds	114	141	153	163	171	180
Direkte Einkommen aus gesellschaftlichen Distributionsfonds	118	159	178	190	205	211
Direkte Einkommen insgesamt	115	143	156	165	175	183
Indirekte Einkommen aus gesellschaftlichen Distributionsfonds	123	185	228	244	268	286
Einkommen insgesamt insgesamt	116	149	166	176	188	197
darunter aus gesellschaftlichen Fonds	121	175	209	224	245	258

1 Vorläufige Angaben.

Quelle: Berechnet nach dem Statistischen Jahrbuch der DDR 1976, Berlin 1976, S. 320.

Tabelle 31

Direkte Einkommen (außer Arbeitseinkommen) der Arbeiter- und Angestelltenhaushalte je Haushalt und Monat aus den gesellschaftlichen Distributionsfonds

Einkommensposition	1960	1965	1970	1975[1]	1975/1960
			in Mark		in Prozent
Krankengeld	17	18	22	33	194
Renten[2]	25	27	32	35	140
Kindergeld und sonstige soziale Zuwendungen	19	24	32	35	184
Stipendien[2]	3	3	5	5	167
Zinsen, Lotteriegewinne usw.	9	15	27	48	533
Krankengeldzuschüsse der Betriebe	10	11	14	19	190
Insgesamt	83	98	132	175	211

1 Vorläufige Angaben.

2 Nur Einnahmen der Renten- beziehungsweise Stipendienempfänger, die in Arbeiter- und Angestelltenhaushalten leben.

Quelle: Berechnet nach dem Statistischen Jahrbuch der DDR 1976, Berlin 1976, S. 320.

Tabelle 32

Indirekte Einkommen der Arbeiter- und Angestelltenhaushalte je Haushalt und Monat aus den gesellschaftlichen Distributionsfonds

Einkommensposition	1960	1965	1970	1975[1]	1975/1960
			in Mark		in Prozent
Gesundheits- und Sozialwesen	43	52	60	82	191
Kultur und Bildung	70	86	141	228	326
Wohnungsbau und -erhaltung	8	9	21	35	438
Sonstige Einnahmen[2]	18	24	35	52	289
Insgesamt	139	171	257	397	286

1 Vorläufige Angaben.

2 Unter anderem Einnahmen von sozialistischen Betrieben und gesellschaftlichen Organisationen, die nicht aus dem gesellschaftlichen Konsumtionsfonds kommen.

Quelle: Berechnet nach dem Statistischen Jahrbuch der DDR 1976, Berlin 1976, S. 320.

Tabelle 33

Anteil der indirekten Einkommenspositionen aus den gesellschaftlichen Distributionsfonds an den Bruttoeinnahmen der Arbeiter- und Angestelltenhaushalte (in Prozent)

Einkommensposition	1960	1965	1970	1975[1]
Gesundheits- und Sozialwesen	4, 3	4, 5	3, 9	4, 2
Kultur und Bildung	7, 0	7, 4	9, 5	11, 6
Wohnungsbau und -erhaltung	0, 8	0, 7	1, 4	1, 8
Sonstige Einnahmen[2]	1, 8	2, 1	2, 5	2, 6
Insgesamt	13, 9	14, 7	17, 3	20, 2

1 Vorläufige Zahlen.

2 Unter anderem Einnahmen von sozialistischen Betrieben und gesellschaftlichen Organisationen.

Quelle: Statistisches Jahrbuch der DDR 1976, Berlin 1976, S. 321.

Tabelle 34

Koeffizienten des durchschnittlichen monatlichen Arbeitseinkommens der vollbeschäftigten Arbeiter und Angestellten in volkseigenen Betrieben nach Wirtschaftsbereichen (Durchschnittslohn insgesamt = 1)

Wirtschaftsbereich	1960 Mark	Koeffizient	1975[1] Mark	Koeffizient
Industrie	571	1,023	895	0,998
Bauindustrie	600	1,075	949	1,058
Land- und Forstwirtschaft	475	0,851	886	0,988
Verkehr	587	1,052	990	1,104
Post- und Fernmeldewesen	468	0,839	818	0,912
Handel	487	0,873	798	0,890
Insgesamt	558	1,000	897	1,000

1 Enthält ab 1973 auch neugebildete volkseigene Betriebe.

Quelle: Berechnet nach dem Statistischen Jahrbuch der DDR 1976, Berlin 1976, S. 70.

Anmerkungen

1 IX. Parteitag der SED. Programm der Sozialistischen Einheitspartei Deutschlands, Berlin 1976, S. 19.

2 Karl Marx/Friedrich Engels, Manifest der Kommunistischen Partei, in: Karl Marx/Friedrich Engels, Werke (im folgenden MEW), Bd. 4, Berlin 1959, S. 482.

3 Friedrich Engels, Herrn Eugen Dührings Umwälzung der Wissenschaft (Anti-Dühring), in: MEW, Bd. 20, Berlin 1962, S. 264.

4 A.P. Butenko, Die entwickelte sozialistische Gesellschaft. Wesen und Probleme, in: Sowjetwissenschaft. Gesellschaftswissenschaftliche Beiträge, 10/1976, S. 1018.

5 IX. Parteitag der SED. Programm der Sozialistischen Einheitspartei Deutschlands, Berlin 1976, S. 75.

6 Heinz-Dieter Haustein, Messung der volkswirtschaftlichen Intensivierung. Zur Methodologie, Berlin 1976, S. 5 (Forschungsberichte des Zentralinstituts für Wirtschaftswissenschaften der Akademie der Wissenschaften der DDR, Nr. 17).

7 Es ist in bestimmter Weise das Prinzip der "indirekten Messung mit Hilfe von begründeten Abstraktionen", das Heinz-Dieter Haustein als "ein spezifisches dialektisch-materialistisches Erkenntnisprinzip der politischen Ökonomie" bezeichnet; vgl. ebenda, S. 12.

8 A.P. Butenko, Die entwickelte sozialistische Gesellschaft. Wesen und Probleme, in: Sowjetwissenschaft. Gesellschaftswissenschaftliche Beiträge, 10/1976, S. 1024/1025.

9 Karl Marx, Zur Kritik der Politischen Ökonomie, in: MEW, Bd. 13, Berlin 1961, S. 9.

10 Karl Marx, Das Kapital. Dritter Band, in: MEW, Bd. 25, Berlin 1964, S. 799/800.

11 Dokumente der Sozialistischen Einheitspartei Deutschlands. Beschlüsse und Erklärungen des Parteivorstandes des Zentralsekretariats und des politischen Büros, Bd. 2, Berlin 1950, S. 22.

12 Vgl. Statistisches Jahrbuch 1975 der DDR, Berlin 1975, S. 167.

13 Vgl. ebenda.

14 IX. Parteitag der SED. Programm der Sozialistischen Einheitspartei Deutschlands, Berlin 1976, S. 39.

15 Vgl. Statistisches Jahrbuch 1976 der DDR, Berlin 1976, S. 168.

16 Vgl. Aus dem Bericht des Politbüros an die 8. Tagung des ZK der SED, Berichterstatter: Günter Mittag, Berlin 1972, S. 12.

17 Alfred Lemmnitz/Rudolf Reichenberg, Zur Behandlung der Kategorie Eigentum in der politischen Ökonomie des Sozialismus (Grundkurs), in: Wirtschaftswissenschaft, 6/1976, S. 876.

18 W.I. Lenin, Die nächsten Aufgaben der Sowjetmacht, in: Werke, Bd. 27, Berlin 1960, S. 231.

19 Vgl. Statistisches Jahrbuch 1976 der DDR, Berlin 1976, S. 41 und S. 44; vgl. auch Tabelle 10.

20 Autorenkollektiv, Političeskaja ėkonomija. Socializma pervaja faza kommunističeskogo sposoba proizvodstva, Moskva 1975, S. 57.

21 Gerhard Schulz, Die sozialistischen Produktionsverhältnisse planmäßig vervollkommnen, in: Einheit 5/6-1976, S. 636.

22 Alfred Lemmnitz/Rudolf Reichenberg, Zur Behandlung der Kategorie Eigentum in der politischen Ökonomie des Sozialismus (Grundkurs), in: Wirtschaftswissenschaft, 6/1976, S. 882.

23 Vgl. Statistisches Jahrbuch 1975 der DDR, Berlin 1975, S. 176/177.

24 Bericht des Zentralkomitees der Sozialistischen Einheitspartei Deutschlands an den IX. Parteitag der SED, Berichterstatter: Erich Honecker, Berlin 1976, S. 65.

25 A.I. Paschkow, Ökonomische Probleme des Sozialismus, Berlin 1974, S. 395.

26 Bericht des Zentralkomitees der Sozialistischen Einheitspartei Deutschlands an den IX. Parteitag der SED, Berichterstatter: Erich Honecker, Berlin 1976, S. 66.

27 W.I. Lenin, Die nächsten Aufgaben der Sowjetmacht, in: Werke, Bd. 27, Berlin 1960, S. 231.

28 Karl Marx/Friedrich Engels, Deutsche Ideologie, in: MEW, Bd. 3, Berlin 1958, S. 30.

29 Vgl. Statistisches Jahrbuch 1976 der DDR, Berlin 1976, S. 176; Statistisches Jahrbuch der DDR 1955, Berlin 1955, S. 196/197.

30 Vgl. Statistisches Jahrbuch 1976 der DDR, Berlin 1976, S. 45 und S. 115.

31 G.I. Samborskij, Specializacija proizvodstva v uslovijach naučno-techničeskoj revoljucii, Moskva 1973, S. 27.

32 G.A. Sasontov, Socialèconomičeskie problemy koncentracii i raspredelenija mest raspaloženija promyšlennogo proizvodstva, Moskva 1971, S. 35.

33 Vgl. Klaus Oberländer/Lothar Rouscik, Wo liegen die Reserven zentraler Fertigungen? in: Die Wirtschaft, 18/1975, S. 9.

34 Inge Raabe, Aktive Erzeugnisgruppen im Industriezweig EBM. Notizen von einem Erfahrungsaustausch zur Intensivierung der Produktion, in: Die Wirtschaft, 2/1975, S. 10.

35 J.F. Kormnow, Spezialisierung und Kooperation der Produktion der RGW-Länder, Berlin 1974, S. 21.

36 Aus den Diskussionsreden auf der 13. Tagung des ZK der SED, Berlin 1974, S. 50.

37 Vgl. Klaus Oberländer/Lothar Rouscik, Wo liegen die Reserven zentraler Fertigungen? in: Die Wirtschaft, 18/1975, S. 9.

38 Aufgaben der sozialistischen Kombinate und Betriebe bei der Intensivierung ihres Reproduktionsprozesses. Thesen, in: Intensivierung der betrieblichen Reproduktion, Berlin 1976, S. 13 (Abhandlungen der Akademie der Wissenschaften der DDR, 1975, Nr. W 5).

39 Karl Marx, Das Kapital. Erster Band, in: MEW, Bd. 23, Berlin 1962, S. 655.

40 Ebenda, S. 656.

41 Ebenda, S. 656.

42 V.J. Gromov, Predprijatie v sisteme narodnogo chozjajstva, Moskva 1971, S. 44.

43 Gerd Friedrich/Rudolf Gerisch/Horst Trauer, Organisation und Effektivität der Produktion, in: Einheit, 5/1974, S. 550.

44 Diether Rohde, Zu einigen Fragen der Fertigungsorganisation in der metallverarbeitenden Industrie, in: Statistische Praxis, 2/1973, S. 90.

45 Ebenda.

46 Dieter Graichen/Lothar Rouscik, Zur sozialistischen Wirtschaftsorganisation, Berlin 1971, S. 77.

47 G.A. Sasontov, Socialèconomičeskie problemy koncentracii i raspredelenija mest raspaloženija promyšlennogo proizvodstva, Moskva 1971, S. 38.

48 IX. Parteitag der SED. Programm der Sozialistischen Einheitspartei Deutschlands, Berlin 1976, S. 28.

49 Gerhard Grüneberg, Die gegenwärtigen Aufgaben bei der weiteren Verwirklichung der vom VIII. Parteitag beschlossenen Agrarpolitik der SED, Berlin 1974, S. 39.

50 Vgl. Ziel: Intensivierung und industriemäßige Produktion. Aus dem Referat von Gerhard Grüneberg auf der Tagung in Schwerin, in: Neues Deutschland vom 24. 1. 1975, S. 3.

51 IX. Parteitag der SED. Programm der Sozialistischen Einheitspartei Deutschlands, Berlin 1976, S. 31.

52 Karl Marx, Das Kapital. Erster Band, in: MEW, Bd. 23, Berlin 1962, S. 404/405.

53 IX. Parteitag der SED. Programm der Sozialistischen Einheitspartei Deutschlands, Berlin 1976, S. 32.

54 Ebenda, S. 24.

55 Karl Marx, Das Kapital. Erster Band, in: MEW, Bd. 23, Berlin 1962, S. 393.

56 Friedrich Engels, Herrn Eugen Dührings Umwälzung der Wissenschaft (Anti-Dühring), in: MEW, Bd. 20, Berlin 1962, S. 271.

57 Ebenda, S. 273/274.

58 W.I. Lenin, Siebenter Parteitag der KPR (B) 6. - 8. März 1918, in: Werke, Bd. 27, Berlin 1960, S. 117.

59 Berechnet nach dem Statistischen Jahrbuch 1976 der DDR, Berlin 1976, S. 23.

60 Vgl. W.I. Lenin, Zur sogenannten Frage der Märkte, in: Werke, Bd. 1, Berlin 1961, S. 92/93.

61 Karl Marx, Das Kapital. Dritter Band, in: MEW, Bd. 25, Berlin 1964, S. 89.

62 Vgl. Statistisches Jahrbuch 1976 der DDR, Berlin 1976, S. 44.

63 Berechnet nach: Referat von Gerhard Grüneberg auf der Tagung in Schwerin, in: Neues Deutschland vom 24.1.1975, S. 3, und dem Statistischen Jahrbuch 1974 der DDR, Berlin 1974, S. 184, S. 198, S. 200.

64 Vgl. Statistisches Jahrbuch 1976 der DDR, Berlin 1976, S. 44.

65 Vgl. ebenda, S. 186.

66 Berechnet nach dem Statistischen Jahrbuch 1974 der DDR, Berlin 1974, S. 193 und S. 323.

67 Berechnet nach dem Statistischen Jahrbuch 1976 der DDR, Berlin 1976, S. 36, S. 44, S. 53.

68 Vgl. IX. Parteitag der SED. Programm der Sozialistischen Einheitspartei Deutschlands, Berlin 1976, S. 23.

69 Heinz-Dieter Haustein, Die Proportionalität der technischen Basis im Sozialismus, Berlin 1975, S. 34.

70 Ebenda, S. 168.

71 Ebenda, S. 13.

72 Harry Nick, Wissenschaftlich-technische Revolution, Berlin 1975, S. 14.

73 Jürgen Wahse, Zur einfachen und erweiterten Reproduktion des Qualifikationsniveaus der Werktätigen im Rahmen der Erwachsenenqualifizierung, Dissertation, Hochschule für Ökonomie, Berlin 1974, S. 118.

74 Vgl. ebenda, S. 120 und S. 124.

75 Vgl. Autorenkollektiv, Zur Reproduktion des Qualifikationsniveaus der Werktätigen und der Bildungsfonds, Berlin 1973, S. 26 (Forschungsberichte des Zentralinstituts für Wirtschaftswissenschaften der Akademie der Wissenschaften der DDR, Nr. 5).

76 Vgl. ebenda, S. 27.

77 Vgl. Statistisches Jahrbuch 1976 der DDR, Berlin 1976, S. 329 und S. 332.

78 IX. Parteitag der SED. Programm der Sozialistischen Einheitspartei Deutschlands, Berlin 1976, S. 22.

79 Friedrich Engels, Herrn Eugen Dührings Umwälzung der Wissenschaft (Anti-Dühring), in: MEW, Bd. 20, Berlin 1962, S. 274.

80 IX. Parteitag der SED. Programm der Sozialistischen Einheitspartei Deutschlands, Berlin 1976, S. 20.

81 Karl Marx, Theorien über den Mehrwert, Erster Teil, in: MEW, Bd. 26.1, Berlin 1965, S. 260.

82 Albert Norden, Der Sozialismus formt den neuen Menschen, in: Neues Deutschland vom 26./27. 4. 1975, S. 10.

83 Vgl. Statistisches Jahrbuch 1976 der DDR, Berlin 1976, S. 66/67.

84 Karl Marx, Entwürfe zum "Bürgerkrieg in Frankreich", in: MEW, Bd. 17, Berlin 1962, S. 554.

85 W.I. Lenin, Die große Initiative, in: Werke, Bd. 29, Berlin 1961, S. 417.

86 Berechnet nach dem Statistischen Jahrbuch 1975 der DDR, Berlin 1975, S. 15.

87 Karl Marx, Grundrisse der Kritik der politischen Ökonomie, Berlin 1953, S. 89.

88 Vgl. W. Komarow, Die Dienstleistungssphäre und die Effektivität der gesellschaftlichen Produktion, in: Sowjetwissenschaft. Gesellschaftswissenschaftliche Beiträge, 9/1975, S. 906.

89 Ohne Berücksichtigung von Umverteilung innerhalb der Bereiche und Zweige.

90 Bericht des Zentralkomitees der Sozialistischen Einheitspartei Deutschlands an den IX. Parteitag der SED, Berichterstatter: Erich Honecker, Berlin 1976, S. 90.

91 Karl Marx, Das Kapital. Dritter Band, in: MEW, Bd. 25, Berlin 1964, S. 885.

92 Karl Marx, Grundrisse der Kritik der politischen Ökonomie, Berlin 1953, S. 17.

93 W.I. Lenin, Zur Charakteristik der ökonomischen Romantik, in: Werke, Bd. 2, Berlin 1961, S. 198.

94 Vgl. IX. Parteitag der SED. Programm der Sozialistischen Einheitspartei Deutschlands, Berlin 1976, S. 23.

95 Ebenda.

96 Karl Marx, Kritik des Gothaer Programms, in: MEW, Bd. 19, Berlin 1962, S. 22.

97 Vgl. Statistisches Jahrbuch 1976 der DDR, Berlin 1976, S. 38.

98 Berechnet nach dem Statistischen Jahrbuch 1973 der DDR, Berlin 1973, S. 343 und dem Statistischen Jahrbuch 1976 der DDR, Berlin 1976, S. 320.

99 Vgl. Statistisches Jahrbuch 1976 der DDR, Berlin 1976, S. 70.

100 Gemeinsamer Beschluß des Zentralkomitees der SED, des Bundesvorstandes des FDGB und des Ministerrats der DDR über die weitere planmäßige Verbesserung der Arbeits- und Lebensbedingungen der Werktätigen im Zeitraum 1976 - 1980 vom 27. Mai 1976, in: Neues Deutschland vom 29./30. 5. 1976, S. 1.

101 Vgl. ebenda.

102 Vgl. Statistisches Jahrbuch 1973 der DDR, Berlin 1973, S. 341 und Statistisches Jahrbuch 1975 der DDR, Berlin 1975, S. 316/317.

103 Vgl. Jürgen Boje/Hans Mittelbach/Rolf Montag, Zu den Prozessen der Verteilung der Arbeitseinkommen und der gesellschaftlichen Fonds der Konsumtion sowie ihrer Widerspiegelung im Haushaltseinkommen der Bevölkerung, in: Wirtschaftswissenschaft, 11/1975, S. 1618.

104 Vgl. 25 Jahre Deutsche Demokratische Republik. Eine Bilanz in Tatsachen und Zahlen, Berlin 1974, S. 39.

105 Berechnet nach dem Statistischen Jahrbuch 1973 der DDR, Berlin 1973, S. 343 und dem Statistischen Jahrbuch 1976 der DDR, Berlin 1976, S. 320.

106 Vgl. Statistisches Jahrbuch 1973 der DDR, Berlin 1973, S. 341 und Statistisches Jahrbuch 1975 der DDR, Berlin 1975, S. 316/317.

107 Karl Marx, Kritik des Gothaer Programms, in: MEW, Bd. 19, Berlin 1962, S. 19.

108 Vgl. Statistisches Jahrbuch der DDR 1967, Berlin 1967, S. 512; vgl. Statistisches Jahrbuch 1972 der DDR, Berlin 1972, S. 432; vgl. Statistisches Jahrbuch 1974 der DDR, Berlin 1974, S. 410; vgl. Statistisches Jahrbuch 1976 der DDR, Berlin 1976, S. 387.

109 Vgl. Statistisches Jahrbuch 1976 der DDR, Berlin 1976, S. 386.

110 Vgl. ebenda, S. 385.

111 Vgl. Manfred Herold, Die marxistisch-leninistische Lehre von der Gesellschaftsformation und ihre Bedeutung für die weitere Verwirklichung der vom VIII. Parteitag der SED beschlossenen ökonomischen Politik, in: Theorie und Praxis. Wissenschaftliche Beiträge der Parteihochschule "Karl Marx" beim ZK der SED, 2/1975, S. 26/27.

112 Einschließlich der 1972 neugebildeten volkseigenen Betriebe, ohne diese 100, 5 (1974).

113 Direktive des IX. Parteitages der SED zum Fünfjahrplan für die Entwicklung der Volkswirtschaft der DDR in den Jahren 1976 - 1980, Berlin 1976, S. 97.

Bisher erschienene Forschungsberichte

Heft 1
W. Keller/E. Kigyóssy-Schmidt
Hauptkennziffern der wirtschaftlichen Entwicklung der europäischen RGW-Länder 1960—1975

Heft 2
Autorenkollektiv
Zur Modellierung des volkswirtschaftlichen Reproduktionsprozesses

Heft 3
Autorenkollektiv
Probleme der Proportionalität zwischen gesellschaftlichem Arbeitsvermögen und Arbeitsplätzen

Heft 4
Autorenkollektiv
Ungarische Modelle der langfristigen Planung

Heft 5
Autorenkollektiv
Zur Reproduktion des Qualifikationsniveaus der Werktätigen

Heft 6
Autorenkollektiv
Probleme der Intensivierung des gesellschaftlichen Reproduktionsprozesses

Heft 7
A. P. Butenko
Zur Dialektik von Einheit und Interessen im sozialistischen Weltsystem

Heft 8
Autorenkollektiv
Reproduktion der natürlichen Umweltbedingungen

Heft 9
U. Ludwig
Aufwand—Nutzen—Analysen in Forschung und Entwicklung

Heft 10
G. Knobloch
Bedürfnisbefriedigung — Reproduktionsstruktur — Grundproportionen

Heft 11
Autorenkollektiv
Zur Entwicklung der Verteilungsstrukturen der Investitionen auf die Bereiche und Zweige der Volkswirtschaft

Heft 12
H.-D. Anders/H. Schilar/K. Schwarz
Zum Bewertungsproblem im Sozialismus

Heft 13
Autorenkollektiv
Zur Kritik gegenwärtiger bürgerlicher sozialökonomischer Theorien (Konferenzmaterial)

Heft 14
R. Schaefer/J. Wahse
Bestimmung der zukünftigen Qualifikationsstruktur der Arbeitskräfte mit Hilfe eines Regressionsmodells

Kolibri 360 GmbH
Ferdinand-Jühlke-Straße 7
99095 Erfurt, Deutschland
produktsicherheit@kolibri360.de